Thomas Philipp
*Gott in mir*
Geist, der Leben weckt

**Ignatianische Impulse**
Herausgegeben von Stefan Kiechle SJ, Willi Lambert SJ
und Martin Müller SJ
Band 62

**Ignatianische Impulse** gründen in der Spiritualität des Ignatius von Loyola. Diese wird heute von vielen Menschen neu entdeckt.

**Ignatianische Impulse** greifen aktuelle und existentielle Fragen wie auch umstrittene Themen auf. Weltoffen und konkret, lebensnah und nach vorne gerichtet, gut lesbar und persönlich anregend sprechen sie suchende Menschen an und helfen ihnen, das alltägliche Leben spirituell zu deuten und zu gestalten.

**Ignatianische Impulse** werden begleitet durch den Jesuitenorden, der von Ignatius gegründet wurde. Ihre Themen orientieren sich an dem, was Jesuiten heute als ihre Leitlinien gewählt haben: Christlicher Glaube – soziale Gerechtigkeit – interreligiöser Dialog – moderne Kultur.

# Thomas Philipp

# Gott in mir

## Geist, der Leben weckt

**echter**

Für Stefanie

Bibliografische Information der Deutschen Nationalbibliothek

Die Deutsche Nationalbibliothek verzeichnet diese Publikation in der Deutschen Nationalbibliografie; detaillierte bibliografische Daten sind im Internet über <http://dnb.d-nb.de> abrufbar.

© 2013 Echter Verlag GmbH, Würzburg
www.echter-verlag.de
Umschlag: Peter Hellmund
Druck und Bindung: fgb · freiburger graphische betriebe
ISBN
978-3-429-03650-8 (Print)
978-3-429-04733-7 (PDF)
978-3-429-06147-0 (ePub)

# Inhalt

# Vorwort

*Gott in mir* – das klingt esoterisch. Aber das scheint nur
so. Esoterisch wäre: *Gott nur in mir. Was draußen spielt, ist
nicht wichtig.* Christlich ist: *Ja, Gott wohnt in jedem von uns,
erfahrbar.* Vollendung der Welt wird in der Schrift mit
den Worten beschrieben: *»Gott ist in allem«* (vgl. 1 Kor
15,28), und Paulus formuliert eine All-Gegenwärtigkeit
Christi im Brief an die Kolosser mit den Worten:
*»Christus ist alles und in allen«* (Kol 3,11). Der Mensch
findet erst recht zu sich, indem er dieses – im Gottes-
Geist – anwesende Geheimnis verehrt. Aber ebenso ist
Gott im Mitmensch, in der Welt, die mir außen begegnet und ebenso verehrt werden möchte. Christen sagen
*und*, innen *und* außen, sie lassen beides gelten. Das erfordert mehr Zuhören, mehr Spannungen, mehr Arbeit
– aber es gibt auch mehr Raum in dieser Welt, in der –
das ist der ursprüngliche Sinn des Wortes *katholisch* –
alles Platz hat.

In der faktischen Kirche wird der Glaube an die Gegenwart des Heiligen Geistes in jedem Einzelnen nicht
immer so sichtbar, wie es dem Glaubensbekenntnis ent-
sprechen würde. Das hat damit zu tun, dass die Kirche,
wie ein jeder Mensch, auch ernste Verletzungen tragen
muss und manchmal mehr durch die Geschichte hum-
pelt, als dass sie sie aufrecht durchschritte. Das ist ganz
normal. Um hier weiterzukommen, bedarf es – für die
Gemeinschaft wie für den Einzelnen – des Hörens auf
die Heilige Schrift, der Reflexion und des offenen Ge-
sprächs. Zu einem solchen Weiterkommen in einer
komplizierten, eben menschlichen Situation möchte
dieses Buch beitragen.

Sosehr dieses kleine Buch einen großen Bogen schlägt, der viele einzelne Erfahrungen in einen großen Zusammenhang stellt, so ist doch eines noch wichtiger: Es will gebetet sein. Es sucht Boden jenseits des bloßen Gedankens. Vermutlich kommt der Lesende besser mit ihm zurecht, indem er langsam voranschreitet, die einzelnen Schritte meditiert und, die eigene Erfahrung einbeziehend, bedenkt. Indem er betet.

Ein persönliches Wort: Mein Großvater *Carl Hans Barz*, Mitherausgeber von *Publik*, war mit den Frankfurter Jesuiten eng verbunden, besonders mit *Johannes Hirschmann* und *Ludwig Bertsch*. In den Neunzigerjahren fand ich in *Franz-Josef Steinmetz*, Herausgeber von *Geist und Leben*, einen freundschaftlich-kritischen Förderer; bis heute verbindet uns das Tasten nach einer zeitgemäßen Sprache für den Heiligen Geist. Die zehnjährige enge Zusammenarbeit mit den Berner Jesuiten – *Franz-Xaver Hiestand, Werner Grätzer, Richard Brüchsel, Bruno Lautenschlager, Andreas Schalbetter* und *Alain Decorzant* – im aki, der katholischen Universitätsseelsorge, hat mir ihre Spiritualität nahegebracht und meine berufliche Identität geprägt. Mit *Nikolaus Klein*, dessen Bestehen auf einer je nochmals vertieften Auseinandersetzung das ignatianische *magis* authentisch ausdrückt, wurden Beiträge in der *Orientierung* möglich, die seit ihrer Einstellung 2010 spürbar fehlt. Es schwingt viel Dankbarkeit und Freude mit, wenn ich nun selbst einen Beitrag zur ignatianischen Spiritualität leisten darf.

Für die sorgfältige Durchsicht des Manuskripts danke ich *Franzisca Frania* sehr herzlich. Das kleine Werk ist *Stefanie Kaiser* gewidmet, die in gemeinsamer Suche und Auseinandersetzung viel zu ihm beigetragen hat.

Bern, im Mai 2013                                    *Thomas Philipp*

# 1. Ignatius, Zeuge des Geistes?

Regalweise Fantasy und Esoterik, Drewermann und Grün die erfolgreichsten christlichen Autoren der letzten 25 Jahre: Da ist eine Suche in der inneren Welt nach – ja, nach was eigentlich? Nach Gehör? Nach Verstandenwerden? Nach ehrlichem Fühlen? Nach Begreifen? Nach Frieden mit sich selbst? Nach Heimat jenseits der Ambivalenzen?

Was sagen die Christen dazu? Ist es gut, sich auf die Welt der Wünsche und Empfindungen einzulassen? Führt da ein Weg zu Gott? Christen glauben an den Heiligen Geist, an Gott, der in armen Menschenherzen wohnt. Eine starke Aussage, eigentlich …, aber etwas abwesend in der Sprache der Pfarrer und Professoren. Wenn nicht gerade Pfingsten ist, sprechen sie lieber über Jesus, Kirche und Ethik. Man könnte den Eindruck haben, so wichtig sei der Geist nicht, nicht so wichtig wie Gott (natürlich, der Vater) und Jesus. Dann Maria, manche Heilige und irgendwann zwischen ihnen der Geist: So etwa würde eine Statistik aussehen, die unsere Gebete nach Adressaten auflistete. Aber so ganz stimmen kann das auch nicht, es gibt ja die Dreifaltigkeit, da gehört der Geist dazu, nicht Maria.

Wenn ein Zeuge des Geistes jemand ist, dessen Gebet und Sprache um den Heiligen Geist kreisen, dann ist Ignatius keiner. Gesellschaft Jesu nennt er seinen Orden. Seine Geistlichen Übungen folgen dem Leben Jesu, in Jesu Schicksal treten sie ein, Jesus stellen sie sich vor. Sie enden mit Himmelfahrt, Pfingsten kommt nicht vor. Vater unser, Anima Christi, Ave Maria, Salve Regina: ja, es sind drei Gegenüber des Betens, aber die

Dritte ist Maria, die ideale Herrin, die barmherzige Mutter. Ein Gebet an den Geist findet sich nicht. Christus-Frömmigkeit, der Geist sprachlos![1]

Doch langsam! Menschensprache kann über etwas schweigen, weil es zu weit hergeholt wäre. Über die Medizin der Marsmenschen reden wir nicht. Und über das, was ganz nah ist. Wann reden wir darüber, wie gut es tut, zu atmen? Dass Ignatius über den Geist schweigt, heißt noch nicht, dass er ihn nicht verehrte.

1492: Druckerpresse, Amerika, Humanismus. Und Renaissance – Wiedergeburt! Ignatius wird in die aufbrechende Neuzeit geboren. Das Individuum erwacht – der einheitliche, für alle gleiche Horizont zerbricht. Unter Schmerzen – und unerhörten Spannungen mit einer Kirchenleitung, die mehr auf höfische Macht und Pracht aus ist als auf den Dienst an den Gläubigen. Seit dem 13. Jahrhundert brannten Bewegungen, die sich auf den Heiligen Geist beriefen und so den Machtanspruch der Priester relativierten: Joachiten und visionäre Franziskaner, Katharer und Albigenser … Die Kirchenleitung wollte die Einheit bewahren, indem sie die abweichenden Lehren ausmerzte, oft auch jene, die sie vertraten. Die Inquisition hatte zu tun. Diese Gewaltgeschichte, die nicht hören, sondern herrschen wollte, hatte im kirchlichen Establishment ein giftiges Misstrauen gegen alle gezüchtet, die sich auf den Geist beriefen. Die Verbrennung des genial-unheimlichen Savonarola lag nicht lange zurück; unvergessen jene des tapferen Jan Hus, dem man freies Geleit versprochen hatte. Wycliff war rechtzeitig gestorben; die Inquisition grub seine Gebeine aus und verbrannte sie posthum. Und nun hörte man, selbst in der spanischen Provinz, von einem Flächenbrand! Den Namen *Luther* kannte in Europa jeder.

Es war lebensgefährlich, sich auf den Heiligen Geist zu berufen. Der Pilger von Manresa, wo der Kern der Exerzitien entstand, war kein gebildeter Mann. Er suchte einfach den Willen Gottes über sein Leben. Die Gegensätze der Epoche waren ihm nur oberflächlich bewusst. Aber bald bekam er sie zu spüren: beschuldigt, er sei einer von denen, die sich für erleuchtet hielten, ein *Alumbrado*. So hatte die Inquisition in Alcalá 1525 einige Grüppchen genannt, gegen die sie vorging. Eigenständige Bibellektüre; stilles Gebet; unmittelbare, nicht durch die Priester vermittelte Gotteserfahrung; Vorliebe für spektakuläre Erfahrungen: Ignatius musste Vorsicht walten lassen, denn alle diese Kennzeichen ließen sich auf seine Spiritualität anwenden.[2] Ein *Alumbrado*: kein überdrehter Esoteriker, sondern jemand, der den Zusammenhalt des Ganzen bedroht, der scharfe Überwachung und strengste Bestrafung verdient, eine Art islamistischer Terrorist. Der Pilgerbericht (PB 59) lässt die drohende Gefahr unmittelbar spüren. Ignatius fragt am Ende einer Untersuchung vor der Inquisition, ob man eine Häresie bei ihm gefunden habe. Nein, antwortet der Inquisitor, »denn wenn man sie fände, würde man Euch verbrennen«. Ignatius, mutig und nicht auf den Mund gefallen: »Auch Euch würde man verbrennen, wenn man eine Häresie bei Euch fände.« Noch 1555 befiehlt Ignatius, die Schriften von Savonarola, die Novizen mitgebracht haben, aus dem Haus zu schaffen. Nicht weil der Autor schlecht sei, sondern wegen der möglichen Wirkung auf das Ansehen der Gemeinschaft (Me 244)! Erst im Rückblick gesteht er, dass er in Manresa jeden Tag unterschieden zu den drei göttlichen Personen betete, also auch ausdrücklich zum Geist (BP 28). Menschensprache ist widersprüchlich. Denn die Geschichte formt sie mehr als die Logik. Und stets kommt

11

es auf den Kontext an. Ein Wimpernschlag entscheidet, ob ein Wort als bedrohlich empfunden wird. Natürlich bekannten sich die Christen auch damals zum Heiligen Geist; natürlich beteten sie zu ihm, namentlich an Pfingsten. In der Theologie gab Thomas von Aquin den Ton an, der ein Theologe des Geistes genannt zu werden verdient. Für ihn ist die Erfahrung des Geistes das Wichtigste und Stärkste des Neuen Bundes und Ursprung christlicher Identität. Nicht aus eigener Kraft, nicht durch ethische Anstrengung kann ein Mensch glauben, hoffen und lieben. Sondern nur indem der Geist ihn ergreift und innerlich erhebt. Gott gibt wohl dies und das (die geschaffene Gnade); vor allem aber gießt er seinen Geist (die ungeschaffene Gnade) in die Gläubigen. Eingießen: Thomas stellt sich das physisch vor, fast wie in einem chemischen Labor. Aber diese Theologie war von gestern, mehr als 250 Jahre hatte sie auf dem Buckel. Trocken fand Ignatius sie, erfahrungsfern, geradezu staubig …

Aber immerhin: Die thomistischen Formeln waren unverdächtige Gemeinplätze. Ignatius übernimmt sie als Chiffren für den Geist. Die Bitte um die Gnade, der Dank für sie ist in den Exerzitien allgegenwärtig. Die Betrachtung der Einwohnung Gottes in den Geschöpfen (GÜ 235) nennt den Geist nicht beim Namen, doch es geht klar um sein Werk: der Leben gibt, der wahrnehmen macht, verstehen lässt, beseelt, einen Tempel aus mir macht. Nur das Eine will Ignatius durch seine einsamen Lebensexperimente gewinnen: Liebe, Glaube und Hoffnung (PB 35). Im Klartext: Es geht ganz allein um das Wachstum des Geistes im Herzen des jungen Basken. Sold des Dienstes in der Gesellschaft Jesu, schreibt Ignatius den portugiesischen Jesuiten, seien »die unschätzbaren Güter seiner Herrlichkeit …: er teilt

Euch alle Schätze seiner Glückseligkeit mit, damit ihr durch übersteigende Teilhabe an seiner göttlichen Vollkommenheit das seid, was er durch sein Wesen und seine Natur ist« (BU 169). Gott gibt nicht etwas, sondern sich selbst. So macht er den Menschen göttlich: Frömmigkeit zum Heiligen Geist, verpackt in die unverdächtigen Formeln der Thomisten.

## Komm, Tröster Geist …

Doch Ignatius hat Mut. Mit gebührender Vorsicht bezieht er sich ausdrücklich auf den Gottesgeist. *Trost* nennt er ihn. Ganz am Anfang, auf dem Krankenbett in Loyola, beobachtet der zerbrochene Held, dass Ritterphantasien ihn gut unterhalten, aber leer und traurig zurücklassen; die lesende und träumerische Begegnung mit den Heiligenlegenden aber zufrieden, froh, getröstet. Das ist der Schlüssel! »Als er die Übungen verfasste, begann er von hieraus Licht bezüglich der Verschiedenheit der Geister zu gewinnen« (BP 8). Anfangs findet er Trost nur im Gedanken, Heldentaten wie die Heiligen zu vollbringen. Als Ignatius als Pilger mit einem Muslim auf den Glauben zu sprechen kommt und von jenem die Ehre der Jungfrau Maria geschmäht empfindet, überlegt er, ob er ihm nicht einige Dolchstiche versetzen sollte. Zurückblickend urteilt er, er habe damals noch keine Ahnung von Demut, Liebe, Geduld und Klugheit gehabt (PB 15). Die Erfahrung des Geistes vertieft sich erst mit der Zeit; nur langsam bringt sie Frucht. Im Rückblick beschreibt Ignatius den Trost als die Antwort auf sein Suchen, als Erfüllung und Gegenüber seines Lebens. Immer genauer lernt er ihn erkennen und mit ihm zu leben. Seine geistliche Geschichte beginnt, »nachdem er von Gott getröstet zu werden begonnen hatte« (BP 29); immer wieder berichtet er von großen Tröstungen.

Die größte erfährt er nicht im Kirchenraum, nicht im Sakrament, während seine Spiritualität in Manresa ihren grundlegenden Ausdruck fand. »Die größte Tröstung, die er empfing, war, den Himmel zu schauen und die Sterne. Dies tat er viele Male und für viel Zeit, denn dadurch verspürte er in sich einen sehr großen Eifer, Gott unserem Herrn zu dienen« (BP 11). Auch später, berichtet P. Ribadeneira, habe er immer wieder voller Andacht den Sternenhimmel betrachtet.[3] Ein wertvoller Hinweis an unsere Kirche, die den Höhepunkt oft bloß in der Eucharistie, in der Liturgie, wie sie eben ist, finden will. Sie kann sich nicht vorstellen, dass der Geist eine junge Seele dort berührt, wo er will. Und dass es Aufgabe der Kirche ist, dieser Spur und Sprache zu folgen, nicht ihre eigene durchzusetzen.

Dem reifen Ignatius ist Trost die wunderbare Erfahrung, Gott aus ursprünglichem Empfinden zu lieben, ein Ergriffenwerden jenseits des aktiven Ergreifens (GÜ 254): »Ich nenne es ›Tröstung‹, wann in der Seele irgendeine innere Regung verursacht wird, mit welcher die Seele dazu gelangt, in Liebe zu ihrem Schöpfer und Herrn zu entbrennen. Ebenso, wann sie Tränen vergießt, die zu Liebe zu ihrem Herrn bewegen, sei es aus Schmerz über ihre Sünden oder über das Leiden Christi, unseres Herrn, oder über andere Dinge, die auf seinen Dienst und Lobpreis hingeordnet sind. Überhaupt nenne ich ›Tröstung‹ alle Zunahme an Hoffnung, Glaube und Liebe und alle innere Freudigkeit, die zu den himmlischen Dingen ruft und hinzieht und zum eigenen Heil seiner Seele, indem sie ihr Ruhe und Frieden in ihrem Schöpfer und Herrn gibt.« Dieser Trost besteht aus »innerem Frieden, geistlicher Freude, Hoffnung, Glaube, Liebe und Erhebung des Geistes. Sie alle sind Gaben des Heiligen Geistes.«[4]

Die Unterscheidung zwischen Trost und Misstrost macht den Unterschied, auf dem alles andere aufbaut. Das Unterscheiden der Geister und das Ringen mit jenen, denen ein Suchender zu widerstehen hat – also den Grundvollzug der Exerzitien –, kann sich Ignatius nur als Geistgeschehen vorstellen. Nur weil der Geist sich immer wieder zu erkennen gibt, nur weil er Erkenntnis und Auseinandersetzung nochmals schweigend trägt, kann es so etwas wie Exerzitien geben. Der die Übungen gibt, soll immer nach Erfahrungen von Trost und Trostlosigkeit fragen (GÜ 371. 377). Denn »bei jenen, die intensiv dabei sind, sich von ihren Sünden zu reinigen und vom Guten zum Besseren aufzusteigen, ist es dem guten Geist eigen, Mut und Kräfte, Tröstungen, Tränen, Eingebungen und Ruhe zu schenken« (GÜ 315). Als Seelsorger, wo er sich sicher fühlt, spricht Ignatius unbefangen vom Wirken des Geistes im Gegenüber (BU 466). Der Bericht über die Gründung der Gemeinschaft schreibt, dass der Herr »niemandem, der ihn in Demut und Einfachheit des Herzens bittet, den guten Geist verweigert, ihn vielmehr allen im Überfluss gibt.«[5] P. Ribadeneira berichtet: »Er sagte einmal in meiner Gegenwart und in Anwesenheit zahlreicher Zuhörer, er könne seiner Ansicht nach nicht ohne Tröstung leben, das heißt, wenn er nicht etwas in sich entdeckte, was nicht sein Eigen sei und auch nicht sein könne, sondern ganz von Gott abhänge.«[6] Werk und Ausstrahlung des Mannes aus Loyola erzählen den Zeitgenossen vom Geist. Ignatius, so P. Nadal, sei eben nicht vorangegangen, sondern dem Geist gefolgt, der ihn führte. »Hier ist der Finger Gottes!«, ruft Paul III. aus, als er die Grundlagen der Gemeinschaft studiert.[7]

Im Unterschied zu vielen, die sich vor ihm auf den Geist beriefen, hat Ignatius nie eine theologische Lehre mit seinem Trostgewissen begründet; von privaten Prophezeiungen wollte er nichts wissen, solange sie nicht von der Kirche gebilligt waren (Me 310, BU 686aF). Er unterschied zwischen seiner Wahrheit, dem Willen Gottes über sein Leben, und der objektiven Wahrheit. Er wollte nicht seine Wahrheit für alle verbindlich machen, es ging ihm nur darum, ihr in ihrer Begrenztheit Geltung zu verschaffen. Als Julius III. P. Borja 1552 zum Kardinal machen will, wird Ignatius gewiss, dass er sich dem mit aller Kraft entgegenstellen soll. Aber er weiß auch, dass keiner die ganze Wahrheit erfährt. Der Wille Gottes ist größer als die Erfahrung des Einzelnen. An Borja schreibt er: »Wenn es der Wille Gottes ist, dass ich mich darin einsetze und sich andere für das Gegenteil einsetzen und Euch diese Würde gegeben wird, so gäbe es keinen Widerspruch. Denn es kann sein, dass der gleiche göttliche Geist mich dazu aus den einen Gründen und andere aus anderen zum Gegenteil bewegt« (BU 2652).

Der erfahrene Seelenführer sieht keine Möglichkeit, aus der Erfahrung des Tröstergeistes auf das Gewissen eines anderen, gar auf den Plan Gottes zu schließen. Beides bleibt offen. Aber auch umgekehrt gilt: Die Begriffe der Theologen machen die Seele nicht satt. Die Botschaft soll sich in die Muttersprache der Seele übersetzen, ihre Worte sollen mit den Zuständen der inneren Welt Verbindung aufnehmen. Wie sollen Worte nach etwas schmecken, wenn sie nicht die Sehnsucht aufsuchen! Das braucht Platz, Zeit, Begleitung: die Exerzitien. Gewiss, es gibt Grenzen, wo ein offener Widerspruch zur kirchlichen Lehre oder eindeutig Sünde vorliegt. Aber selbst diese Kriterien sind nicht in Stein gehauen. Das

Verbot des Bischofs von Salamanca, seine Erfahrungen im Umgang mit der Sünde weiterzugeben, befolgt Ignatius nur vorläufig. Sein Gewissen kann es nicht akzeptieren.

Also doch: ein Zeuge des Geistes! Eingebettet in einen ununterbrochenen, oft unterirdischen und stets widersprüchlichen Strom des christlichen Glaubens an *Gott in mir*. Diesen Glauben stellt dieses Buch vor[8]: beginnend bei der Schrift, an wichtigen Wegkreuzungen innehaltend. Eine von ihnen trägt das Gesicht eines kleinen Spaniers: etwas hinkend, mit fröhlichen Augen (Me 180).

# 2. Den Heiligen Geist erfahren

## ruach und näfäsch

*Der Geist schwebte über den Wassern,* heißt es im Lied von der Schöpfung, gleich zu Beginn der Bibel. Die Gegenwart des Geistes ist das Milieu, in dem sich alles Folgende abspielt. Entwicklung geschieht, weil der Schöpfergeist über dem Chaos schwebt. *Der Geist des Herrn erfüllt den Erdkreis, und er, der alles zusammenhält, kennt jeden Laut* (Weish 1,7). Für die Bibel ist klar: Der Geist macht lebendig, und nur er. Das Leben liegt nicht in der Macht des Lebenden, er muss ja sterben … Gott formt den Menschen aus Ton. Davon lebt er noch nicht. Erst als Gott ihm Atem einhaucht, beginnt er sich zu bewegen (Gen 2). Gerade so geht es dem erschlagenen Volk, dessen Knochen Ezechiel auf einer Ebene verstreut sieht. Werk des Geistes ist, dass sie zusammenrücken, dass Sehnen, Fleisch und Haut wachsen, dass sie wieder als Menschen kenntlich sind. Und nochmals muss der Geist kommen, dass sie lebendig werden (Ez 37). Der Geist ist allen Lebens Atem.

Viele Sprachen bezeichnen Geist und Atem mit dem gleichen Wort – sanskrit *atman,* griechisch *pneuma, … spiritus, esprit, Odem* … Auch hebräisch *ruach* – ein weibliches Wort – meint beides, Atem und Geist. Das heißt: Der Lebensatem ist der Gottesgeist. Der Geist ist gerade jener Atem, der lebendig macht und den der Mensch nicht herstellen kann. Der Atem berührt den Menschen an seiner empfindlichsten Stelle – an seiner *näfäsch.* Das heißt Kehle so gut wie Seele. So wie der Atem die Kehle erst zu einem sinnvollen Organ werden lässt, so macht der Geist, das Innerste des menschlichen Innern, die

Seele in ihren vielen Farben erst lebendig. Kehle und Seele sind gleichermaßen verletzbar. Dem Beter wird die radikale Abhängigkeit bewusst (Ps 104,27–30):

*Alle Geschöpfe warten auf dich*
*nimmst du ihnen den Atem, so schwinden sie hin,*
*kehren zurück zu der Erde Staub.*
*Sendest du deinen Geist, werden sie alle erschaffen,*
*und du erneuerst das Antlitz der Erde.*

Der Geist zeigt sich im prophetischen Wort. Prophetisch bedeutet heute, dass ein Wort die Zukunft voraussagt. Die Bibel verwendet das Wort anders, tiefgründiger. Echte Propheten erfassen, was ein Ereignis oder eine Haltung in ihrer Tiefe bedeuten. Was die Oberfläche verbirgt, wird spürbar, indem der Geist den erkennenden Menschen von innen hell macht. Ihm gehen die Augen auf, Zusammenhänge zeigen sich. Die Einsicht strebt zum öffentlichen Wort, zum politischen Engagement.

Die Bibel hofft, dass der Geist sich der tiefsten Wunde annimmt und sie heilt. So wie Saul, den der Geist ergreift und in einen neuen Menschen verwandelt (1 Sam 10,6). *Ich schenke euch ein neues Herz und lege einen neuen Geist in euch. Ich nehme das Herz von Stein aus eurer Brust und gebe euch ein Herz von Fleisch. Ich lege meinen Geist in euch und bewirke, dass ihr meinen Gesetzen folgt und auf meine Gebote achtet und sie erfüllt* (Ez 36,26f). Die Hoffnung gilt allen (Joel 3,1f):

*Ich gieße meinen Geist über alles Fleisch aus.*
*Eure Söhne und Töchter werden Propheten sein,*
*eure Alten werden Träume haben*
*und eure jungen Männer haben Visionen.*
*Auch über Knechte und Mägde*
*werde ich meinen Geist ausgießen.*

## Der in uns betet

Atem des Lebens, Geist der Erkenntnis: das Neue Testament vertieft die Erfahrungen des Alten. Am Gegenüber des Auferstandenen klärt sich der Blick nach innen, so dass er den Geist in seiner Fülle wahrnimmt. Johannes erfährt den Geist als Lehrer und Tröster, der in alle Erkenntnis einführt und das Geheimnis Jesu mehr und mehr erschließt. Auf Dauer ist er da, verlässlich, er bleibt (Joh 14,16ff; 1 Joh 4,12f). Hier geht es nicht um Theorie. Getröstet werden beginnt ja im Herzen, nicht im Denken! Von innen her klärt und heilt der Trost unsere Art zu sehen. Diese Erfahrung tritt auch außerhalb des Christusbekenntnisses auf. *Jeder (!), der liebt,* und *jeder, der die Gerechtigkeit tut, ist aus Gott gezeugt* (1 Joh 2,29; 4,7). Bei Lukas steht die pfingstliche Begeisterung im Vordergrund (Apg 2); doch auch er sagt: *Das Reich Gottes ist in euch* (17,21).

Paulus ist gegenüber plötzlicher Begeisterung und Zungenrede vorsichtig; er stellt ihnen das kritische Denken zur Seite. Entscheidend ist, was die Gemeinschaft aufbaut. Die wichtigere Erfahrung des Geistes findet Paulus in einem beständigen Zustand. So verlässlich wie Gott im Tempel anzutreffen ist, so dauerhaft wohnt er nun in den Gläubigen: Die Christen sind der Tempel Gottes (1 Kor 3,16; 6,19; Röm 8,9–11)! Das macht sich bemerkbar: in der Erfahrung, dass es zu beten beginnt. Da sehnt es sich in unaussprechlichen Seufzern, da öffnen sich Räume jenseits des Wortes. Dem Menschen von heute begegnet diese Erfahrung eher als Last: Warum kann ich nicht ein einziges Mal zufrieden sein? Warum kann ich nicht in Ruhe mein Leben genießen, wie (scheinbar) alle anderen? Warum will ich immer weiter, warum komme ich nicht zur Ruhe, was soll diese maßlose Dynamik, die ich in mir vorfinde?

Doch erstaunlich: Paulus wertet dieses Ausgreifen nach immer mehr, nach immer tiefer ganz positiv. Hier ergreift der Geist der Christen Herz, ruft: *Abba, lieber Vater* (Gal 4,6). Der Christ erfährt sich hineingenommen in eine Dynamik jenseits der Worte, seufzend, sehnend. Keine Theorie also, sondern ursprüngliche Erfahrung! Jeder Christ *erfährt*, wie es in ihm betet. So bezeugt der Gottesgeist dem menschlichen Geist, dass er Kind Gottes ist (Röm 8,15–26). Dieses Sehnen nimmt Paulus als die innerste Bewegung seiner selbst wahr, zu jeder Stunde, nicht nur wenn er sich mit Worten an Gott wendet. Und setzt es für alle Christen voraus. *Betet ohne Unterlass* (1 Thess 5,17; Eph 6,18)! Am tiefsten führt der Zweite Korintherbrief (4,7–11) in diese Erfahrung ein: *Diesen Schatz tragen wir in zerbrechlichen Gefäßen; so wird deutlich, dass das Übermaß der Kraft von Gott, nicht von uns kommt. Von allen Seiten werden wir in die Enge getrieben und finden doch Raum; wir wissen weder aus noch ein und verzweifeln dennoch nicht; wir werden gehetzt und sind doch nicht verlassen; wir werden niedergestreckt und doch nicht vernichtet. Wohin wir auch kommen, immer tragen wir das Todesleiden Jesu an unserem Leib, damit auch das Leben Jesu* (also der Geist!*) an unserem Leib sichtbar wird.*

Hier spricht einer, der sich einer Erfahrung anvertraut hat, die ihm nicht gehört, die, viel größer als er selbst, ihn trägt. Und doch spricht er nicht von sich als einer elitären Ausnahme, nein, er sagt »wir«: Diese Erfahrung ist für die Christen typisch. Dass eine solche Kultur der Sehnsucht, eine so genaue Auseinandersetzung mit den inneren Kräften dem Menschen des alltäglichen Funktionierens seltsam, fremd, ja verdächtig vorkommt, lässt sich vielleicht nicht vermeiden.

Hier wird der Geist an einer Öffnung für den ganz anderen kenntlich, gewissermaßen an einem Schweigen. Der Geist zeigt sich in einer Haltung, die zuhören kann. Salomo hatte Gott um ein hörendes Herz als Inbegriff der Weisheit gebeten (1 Kön 3). Es entsteht Raum für ein Wort, das mehr bedeutet als alles Sagbare. Gerede, Getue, Gehabe bleiben zurück, und ich vernehme jene leise Stimme, die mich dessen gewiss macht, wer ich bin und wie es um mich steht.

Hatte das Alte Testament über das Verhältnis von Gott und Geistkraft nicht systematisch nachgedacht, so findet sich nun eine Fülle dreigliedriger Formeln, die Gott Vater, Jesus Christus und den Geist in eine Reihe stellen. Schon Paulus verwendet die dreigliedrigen Formeln so regelmäßig, dass sich auf eine liturgische Gewohnheit schließen lässt. Der Auferstandene sendet die Jünger zu allen Völkern, sie zu taufen *im Namen des Vaters, des Sohnes und des Heiligen Geistes* (Mt 28,19). Schon die erste christliche Generation erkannte im Geist die volle Gegenwart Gottes, lange bevor die Theologen diese Erfahrung durchdenken konnten. Es dauerte Jahrhunderte, bis die Christen auch philosophisch verantwortet sagen konnten: Ja, der Heilige Geist ist Gott, nicht weniger als der Vater. Im Jahr 381 erklärte das Konzil von Konstantinopel feierlich: Wir glauben an den Heiligen Geist, der Herr ist und lebendig macht, der aus dem Vater hervorgeht, der mit dem Vater und dem Sohn angebetet und verherrlicht wird, der durch die Propheten gesprochen hat. Das glauben alle Christen, ob orthodox, evangelisch oder katholisch, gemeinsam.

## Die Geister scheiden

Wie ist der Geist da? Indem er sich von der Haltung des Einzelnen radikal abhängig macht. *Lösch den Geist nicht aus!,* mahnt Paulus (1 Thess 5,19). Es ist möglich, den Geist traurig zu machen (Eph 4,30), ja ihm zu widerstehen (Apg 7,51). Der Mensch kann den Geist auslöschen. Sein Ich ist das Hindernis des Geistes schlechthin (BU 101). Er kann Schritte unternehmen oder hinnehmen, die seine Integrität dauerhaft beschädigen. Dann ist die *näfäsch* verengt, geknickt, die *ruach* kann nicht fließen. »Darum muss uns die Sorge quälen, dass wir es sind, die den Geist auslöschen. Durch den Hochmut der Besserwisserei, die Herzensträgheit, die Feigheit, die Unbelehrbarkeit, mit denen wir neuen Impulsen, neuem Drängen« begegnen. Wenn wir brennend empfänden, »dass man auch gerichtet werden kann durch seine Unterlassungen, für seine diffuse, anonyme Herzenshärte und Herzensträgheit, für seinen schuldhaften Mangel an schöpferischer Phantasie und am Mut zum Kühnen, dann würde man hellhöriger, vorsichtiger, zuvorkommender auf die leiseste Möglichkeit achten, dass irgendwo der Geist sich regt«[9]. Gott selbst will im armen Menschenherz Wohnung nehmen. Es ist tatsächlich der menschlichen Freiheit und ihren Prioritäten überlassen, ob der Geist Raum finden, gedeihen, sich ausdrücken darf.

Aber wie den Geist erkennen? Der Blick nach innen ist ja keineswegs eindeutig. Er ist unscharf und von Interessen des Erkennenden bestimmt, wie ein Buch, das zwei Zentimeter vor den Augen steht – man erkennt nichts, zu nah dran, es fehlt an Distanz. Der Blick nach innen braucht Kriterien und Methoden, um überhaupt etwas zu erkennen. Wie also in den widersprüchlichen und durchaus nicht harmlosen Stimmen der Innenwelt auf den Geist hören? An welche Stimme sich halten? Paulus spricht von der *Unterscheidung der Geister* (1 Kor 12,10; 14,29); der Begriff zieht sich wie ein roter Faden durch zwei Jahrtausende christlicher Suche. 1 Thess 5,21 folgend – *Prüft alles, das Gute behaltet!* – haben die Christen Kriterien entwickelt, an denen sich der Gottesgeist unter den vielen Stimmen erkennen lässt.

Nach 1 Kor 12,3 kann nur, wen der Geist erleuchtet, Jesus als den Messias bekennen. Und der erste Johannesbrief (4,1–3) rät: *Traut nicht jedem Geist, sondern prüft die Geister, ob sie aus Gott sind; denn viele falsche Propheten sind in die Welt hinausgezogen. Daran erkennt ihr den Geist Gottes: Jeder Geist, der bekennt, Jesus Christus sei im Fleisch gekommen, ist aus Gott. Und jeder Geist, der Jesus nicht bekennt, ist nicht aus Gott.* Ein erstes Kriterium! Wo ein Mensch sich an der Gestalt Jesu orientiert, wo er Jesus ähnlicher wird, da wirkt der Geist. Indes antwortet es nicht klar auf alle Fragen, die der Alltag stellt; und die Antwort hängt davon ab, wie die Gestalt Jesu interpretiert wird.

Es liegt im Wesen des Geistes, dass er Gemeinschaft stiftet. Der begeisterte Mensch zeigt sich, teilt sich mit, tritt in Kommunikation. Es beginnt eine Geschichte, die mit dem Innersten unmittelbar zu tun hat. Diese engagierte Geschichte schafft Beziehungen, es entsteht Gemeinschaft. Auf sie bezieht sich das zweite Kriterium. Vom Geist ist, was sie aufbaut (1 Kor 6,12; 10,23; 12,12ff). Was sie zerstört, kann nicht vom Geist sein: *An ihren Früchten sollt ihr sie erkennen* (Mt 7,16). Doch auch dies Kriterium genügt für sich allein nicht. Ein Verhalten kann ja einen Konflikt aufdecken, erst einmal Streit auslösen, der erst mit der Zeit zu Wachstum und tiefe-

24

rem Frieden führt. Wir wissen heute, dass Konflikte nicht einfach böse sind.

Die beiden Kriterien halten sich an das, was die Christen von Jesus und der Kirche schon verstanden haben. Der Geist aber weist über das Bekannte hinaus, er setzt das göttliche Geheimnis in seiner Neuheit gegenwärtig. Er öffnet ins Unsagbare, lässt Glaube, Hoffnung und Liebe aufbrechen. *Er weht, wo er will* (Joh 3,8). Das Leben des Einzelnen und der Gemeinschaft, auch die Theologie kann den Geist nicht begreifen und auf Inhalte festlegen. Nur *der Geist macht lebendig, der Buchstabe tötet* (2 Kor 3,6). Der Glaube an den Geist öffnet einen Raum, der zunächst dunkel bleibt, frei für das Unberechenbare.[10]

## Psychologie der Geisterfahrung

Um offen zu sein für dieses Neue, haben die Christen weitere Kriterien entwickelt. Sie beziehen sich auf den inneren Zustand. Sie beschreiben Wirkungen, die in der Seele auftreten, nicht in der Außenwelt. Paulus nennt sieben Früchte, an denen der Geist kenntlich ist: *Liebe, Freude, Friede, Geduld, Freundlichkeit, Güte und Treue* (Gal 5,22). Spätere geistliche Lehrer nennen Heiterkeit des Herzens und Geborgenheit; die Erfahrung, gern zu beten; die Sehnsucht nach Gott, ein überströmendes Gefühl. Demgegenüber ist die Quelle verschlossen, wenn Abstumpfung, Traurigkeit und Verwirrung, Angst und Trockenheit den Ton angeben; wenn ein Mensch Lärm und Ablenkung sucht in oberflächlichen Bedürfnissen und äußerem Umtrieb (Me 344), wenn er es bei sich selbst nicht aushält; wenn es nur noch um Macht geht. Seit jeher gilt selbstbezogenes und eigennütziges Verhalten als Zeichen, dass der Geist nicht wirken darf.

25

Immer wieder zeigen sich ähnliche Kriterien: 2000 Jahre Christentum zeigen eine erstaunliche Kontinuität der Erfahrung, nicht nur der Theorie.

Bei Karl Rahner ist die Annahme seiner selbst Tat des Geistes. Da lässt ein Mensch sein Ich los, wie im ausatmenden Verströmen. Wo »der Mensch in einer letzten Hoffnung sich bedingungslos dem wahren Gott über alle kalkulierbaren Einzelwirklichkeiten hinaus übergibt, da kommt er wirklich in seine letzte Freiheit hinein, die von Gott selbst erfüllt ist und auch dann schon eine geheime Seligkeit in sich trägt, wenn wir verzweifelt mit uns und dieser Welt nicht mehr fertig werden.« Und »wo eine Verantwortung in Freiheit angenommen und durchgetragen wird, wo sie keinen angebbaren Erfolg und Nutzen mehr hat; wo der Sturz in die Finsternis des Todes gelassen angenommen wird als Aufgang unbegreiflicher Verheißung; wo die Summe aller Lebensrechnungen von einem unbegreiflichen anderen her als gut verstanden wird, obwohl man es nicht ›beweisen‹ kann; wo die bruchstückhafte Erfahrung von Liebe, Schönheit, Freude als Verheißung von Liebe, Schönheit, Freude schlechthin angenommen wird, ohne als billiger Trost verstanden zu werden; wo man in eine schweigende Finsternis hinein zu beten wagt und sich erhört weiß, obwohl von dort keine Antwort zu kommen scheint; wo das Fallen das wahre Stehen wird: da erfahren wir, was wir Christen den Heiligen Geist nennen.«[11]

Der Einfluss von 120 Jahren Psychotherapie bringt ähnliche Kriterien hervor. Wo ein Mensch das Unannehmbare (nämlich sich selbst) anzunehmen lernt, wenn es sich in neuer Atmosphäre öffnen und weich werden darf, wenn es bearbeitbar wird und schließlich heilt – da wirkt der Heilige Geist: Die Erfahrung, ge-

heilt und verwandelt zu werden, ohne dass sich an den
äußeren Schwierigkeiten des Lebens viel ändern muss,
ist eine ursprüngliche Gotteserfahrung. Françoise Dol-
to, Eugen Drewermann, Anselm Grün und Wunibald
Müller stehen für sie ein.

Im Traum, da stimmen die meisten Therapeuten mit
der Bibel überein, tritt der Mensch in Kontakt mit einem größeren Gegenüber, heiße es nun Unbewusstes
oder Gott. Die Bibel rechnet selbstverständlich damit,
dass Gott im Traum spricht, durchaus nicht nur vage,
sondern klar und verbindlich: in der Josefsgeschichte,
beim freien Wunsch Salomos, im Danielbuch, bei Matthäus.[12] Ein Mensch, der seine Träume wahrnimmt und
bedenkt, bis er eine Brücke findet zwischen der Ge-
fühlsfarbe des Traums und einer äußeren Situation, ist
in Kontakt mit dem Heiligen Geist.

Weiter hat die Begegnung mit der Psychotherapie dazu
geführt, dass viele Christen den Geist in der *Sehnsucht*
erkennen. Der Sehnsucht wohnt stets ein Moment der
Hingabe inne. Wo ein Mensch sich sehnt, etwas zu be-
kommen oder zu erreichen, zielt er auf einen Zustand,
der eine tiefere Gabe seiner selbst ermöglicht. Diese
Hingabe erkennt der Gläubige in der Gestalt Christi.
Christus ist der Spiegel, in dem die innerste Kraft
kenntlich wird. Erst seine Hingabe ohne Wenn und
Aber drückt die Radikalität menschlicher Sehnsucht
aus. Das Vorbild Christi hilft den Christen, sich der innersten Herausforderung anzuvertrauen, die sie in ihrer Seele vorfinden. Der Tradition ist diese Erfahrung
vertraut. Bei Paulus wird die Sehnsucht erkennbar und
annehmbar als die Sehnsucht Christi: *Nicht mehr ich le-
be, sondern Christus lebt in mir* (Gal 2,20). Dies Wieder-
erkennen des Eigenen ist etwas ganz anderes als das
Idealisieren Jesu. Nicht der Gläubige tut hier etwas, und

sei es noch so fromm: nein, er wird ergriffen von einer durchaus unheimlichen Kraft. Sie lässt ihn Schritt für Schritt die Ähnlichkeit zu Christus, zum wahren Menschen erkennen. Der Prozess zielt nicht auf ein vollmundiges Bekenntnis, sondern auf die eher stille Erfahrung eines Entsprechens, auf einen Frieden, der sich in einem schöpferischen Projekt ausdrückt. Bei Thomas von Aquin spielt das *desiderium* des geistbegabten Geschöpfs nach der Schau Gottes eine wichtige Rolle. In den Exerzitien des Ignatius findet das Beten immer wieder in der Sehnsucht Grund und Halt: »Ich bitte um das, was ich will.« Der Übende soll, was er »so sehr wünscht«, großzügig wahrnehmen und entfalten; das Einfügen in die Gemeinschaft, der Gehorsam kommt später, wenngleich nicht weniger radikal.

Es gibt ein Gefühl für die eigene *Lebendigkeit*, seelisch, nicht nur körperlich. Ein Mensch kann sich lebendig fühlen oder leer, wach oder unzufrieden. Macht ihn etwas froh und wach, findet der Geist Raum. Was Leere oder ein stumpfes Gefühl nach sich zieht, nimmt dem Geist den Raum. In dieser Erfahrung fand Ignatius den Schlüssel zu seiner Spiritualität: »Es gab jedoch diesen Unterschied: Wenn er an das von der Welt dachte, vergnügte er sich sehr. Doch wenn er danach aus Ermüdung davon abließ, fand er sich trocken und unzufrieden. Und wenn er daran dachte, barfuß nach Jerusalem zu gehen und nur Kräuter zu essen und alle übrigen Strengheiten auszuführen, von denen er las, dass die Heiligen sie ausgeführt hatten, war er nicht nur getröstet, während er bei diesen Gedanken war, sondern blieb auch, nachdem er davon abgelassen hatte, zufrieden und froh ... Und allmählich begann er, die Verschiedenheit der Geister zu erkennen« (BP 8). Es ist wichtig, ob eine Entscheidung einen Menschen lebendiger macht oder

nicht. Ein Mensch kann wissen, ob er wächst oder auf
der Stelle tritt. Er kann spüren, dass er für sein Wachstum Verantwortung trägt. Es kommt auf seine Entscheidungen an, ob der Geist ausgelöscht wird. Die Erfahrung ursprünglicher Lebendigkeit und ihres Wachsens ist eine Gotteserfahrung. Sie geschieht nicht im
luftleeren Raum, sondern bekommt es mit Gegenkräf-
ten zu tun, außen und innen – und mit der Befreiung
von ihnen. Die lateinamerikanischen Christen machen
uns auf jene Worte aufmerksam, die den Geist als Be-
freier von Sklaverei erfahren: *Wo der Geist des Herrn
wirkt, da ist Freiheit.*[13]
Immer wieder spricht Ignatius vom Mehr, vom *magis*,
von einem Schritt weiter hinaus, von größerem Nutzen: weil »das Wohl, je allgemeiner, desto göttlicher
ist«[14]. Seine Spiritualität ist vom neuzeitlichen Pathos
des Wachsens und Sich-Entfaltens geradezu imprägn-
niert. Den bereits Kräftigen gibt er, als Auszeichnung,
»hartes Brot und Männerspeise« (Me 105). Die Bulle
Pauls III., welche die Gesellschaft Jesu 1540 bestätigt,
verpflichtet sie als erstes Ziel »auf den *Fortschritt* der Seelen in Leben und christlicher Lehre«[15]. Der Geist ist hier
eine aktive Kraft, ein Schöpfergeist, der spürbar wachsen macht. Er schließt von innen her auf, durch eigen-
ständiges Nachdenken des Suchenden. In einer sinn-
lichen, spürenden Erfahrung, dem Schmecken ver-
gleichbar. Der Heilige Geist ist nicht, wie klerikal be-
schränkte Geister gern voraussetzen, einfach die Kraft,
die macht, dass einer passiv das Wort der Priester hört
und annimmt.
Heute steht die menschliche *Kreativität* im Zentrum
der Aufmerksamkeit. Immer weiter reichen die techni-
schen Möglichkeiten; der Mensch führt das Werk der
Schöpfung weiter – durchaus im Sinne des Erfinders:

Die Welt ist ja unfertig, ein Ort zum Weiterbauen (Röm 8; 1 Kor 3)! Ignatius fand »für alles Mittel, die sehr verschieden und ungewohnt gegenüber denen waren, die sonst irgend ein Mensch fände«. So wenig als möglich führt er durch feste Regeln; er will der inneren Regung, der kreativen Idee viel Raum lassen. Das Wirken der Jesuiten soll frei sein, »sanft und mit eigenem Licht Gottes«. Mit eigenem Licht: der Art entsprechend, wie der Einzelne Gott erfährt. Menschen tun ja »natürlicherweise die Dinge mit mehr Gefallen, die sie mehr eigentlich für die ihren halten.« Lieber entlässt er Männer, die der Freiheit nicht gewachsen sind, aus dem Orden, als das Wirken aller durch ein Gestrüpp von Regeln zu fesseln. P. Câmara erzählt: »Wenn ich am Abend zurückkam, war die erste Sache, die er mich fragte: ›Kommt ihr zufrieden mit Euch?‹ Er setzte voraus, dass ich die Sache mit Freiheit verhandelt hätte« (Me 357. 16. 269ff). Als Ignatius die Leitung des Collegium Romanum P. Mannaert übertrug, erbat der genaue Anweisungen. »Tu, was Du kannst. Passe die Regeln der Lage an. Handle nach dem, was Du gesehen hast, und der Heilige Geist wird Dich erleuchten.«[16]

Der Mensch soll Mitschöpfer Gottes sein – wie anders könnte er das, als indem er durchlässig würde für den Schöpfergeist in seinem Herzen? Wo ein Mensch etwas wirklich Neues, etwas ursprünglich Schönes hervorbringt, wo er schöpferisch wirkt, wo er der Welt ein menschliches Antlitz gibt, wirkt er in Einheit mit dem Geist. Das wird noch deutlicher, wenn ein Mensch lieber Leid und Scheitern annimmt, als zur Gewalt zu greifen. Da bringt der Geist je neu ein Bild jenes Ersten hervor, der die Gewalt überwand.

## Gewissen – Gehorsam – Empathie

Die Gegenwart des Geistes begründet die Autorität des Gewissens. Es ist die wichtigste Stimme, die das Handeln eines Menschen in die Pflicht nimmt. Sogar dann, wenn er im Irrtum ist![17] Das Gewissen kann sich durch die sprichwörtlichen Bisse melden, indem der gute Geist »durch die Urteilskraft der Vernunft die Gewissen sticht und beißt« (GÜ 314). Dann erscheint das Gewissen als eine unter vielen inneren Stimmen. Das reife Gewissen indes ist die empfindende, schmeckende und reflektierte Synthese aller äußeren und inneren Stimmen, die in einer Frage auf einen Menschen einwirken. Das reife Gewissen ist dasselbe wie die verantwortliche Entscheidung.

Aber – verlangt Ignatius von seinen Jesuiten nicht, den Willen des Oberen und des Papstes als Willen Gottes anzunehmen? Blind sollen sie gehorchen, ohne jede Untersuchung, wie ein Leichnam *(cadaver)* oder der Stock in der Hand eines alten Mannes![18] Wie verträgt sich das mit dem Gewissen? Ignatius nennt drei wichtige Grenzen. Erstens: Wo die gehorsame Tat auch nur einen Anschein von Sünde erwecken würde, endet der Gehorsam an der Grenze des Gewissens – in klarem Unterschied zu dem, was die Nazis Kadavergehorsam nennen sollten. Zweitens sucht Ignatius kein Befolgen von Befehlen, deren Sinn man nicht versteht. Nicht gegenüber der Wirkung der Tat soll der Gehorsam blind sein. Vielmehr soll das Ich vertrauen, wo es nicht sieht, und so aus dem Kreisen um sich selbst herausfinden. Wenn Ignatius tadelt, gibt er sich Mühe, dass der Getadelte seinen Fehler versteht (Me 328). Einen kindlichen Gehorsam will er gerade nicht. Ignatius ist eine sorgfältige, wiederholte und kritische Kommunikation mit dem Oberen wichtig. Der Obere soll sich über den Fortgang des verlangten Engagements laufend informieren lassen und die Vorgaben anpassen. Der Jesuit darf eine klar erkannte, entgegenstehende Wahrheit dem Oberen mitteilen; allerdings nicht im Ton des *So muss es sein!* Den konnte Ignatius nicht ausstehen (Me 204). Nein, er soll bedingt sprechen: *Könnte es nicht gut sein, dass …?* Auch wenn die Sache entschieden ist, kann er nach einigen Stunden, am nächsten Tag, wiederum nach einem Monat wiederkommen und in gleicher, offen lassender Form seine Gründe darstellen. Wenn Ignatius fordert, dass sich der Jesuit den Willen des Oberen zu eigen machen soll, setzt er diesen Dialog, dieses gemeinsame Suchen nach größerer Ehre Gottes voraus.

Was aber drittens, wenn der Gehorsam die individuelle Berufung so kränken und verstopfen würde, dass eine Sünde gegen den Heiligen Geist vorläge? 1526 akzeptiert Ignatius das Urteil der Inquisition in Salamanca nur vorläufig, für das Gebiet des Bistums, das er sogleich verlässt. Er sieht nicht ein, dass er nicht mehr den Seelen soll helfen dürfen, ohne dass man ihm einen Lehrirrtum nachgewiesen hätte. Er sieht nur ein, dass er Theologie studieren muss, um ernstgenommen zu werden. 1533 nötigt er den Pariser Inquisitor zur Unterschrift eines Protokolls, indem er einen Notar und Zeugen mitbringt. Der Inquisitor hatte zwar nichts Bedenkliches gefunden und lobte die Exerzitien, aber hatte den Freispruch vom Häresieverdacht nicht schriftlich bestätigen wollen. Als Julius III. 1555 P. Le Jay zum Bischof machen will, setzt Ignatius alle verfügbaren Worte, Mittel und Beziehungen ein, um das zu verhindern. Warum? Die Weihe Le Jays hätte die Jesuiten zu einem Nachwuchspool für Bischöfe gemacht und damit dem Karrierestreben ausgeliefert. Die Verflechtung mit der Macht hätte die Sorge für das Wachstum der Seelen, die lebendige Mitte an den Rand gedrängt. Dieselbe Haltung zeigt Ignatius 1540 in den Spannungen vor der formellen Anerkennung der Gemeinschaft durch Paul III. Von Indifferenz, die alle Möglichkeiten offenlässt, ist hier nichts zu spüren. Mit aller Kraft sucht er den Willen des Oberen »zu dem seinen zu ziehen«[19].

Der ignatianische Gehorsam schließt die Bereitschaft von Amtsträgern ein, sich einer Kritik zu stellen und sich mit ihr auseinanderzusetzen, auch wenn sie weh tut. Ignatius verlangte, dass sie mit derselben gutwilligen und liebenden Haltung aufgenommen werde, wie er sie zu Papier bringe. Es lohnt, das genau zu hören: Der Bischof soll in seiner Haltung an jener des Laien Maß nehmen! Gian Pietro Carafa (1476–1559) war Erzbischof von Brindisi, bald sollte er Kardinal werden und 1555 als Paul IV. den Stuhl Petri besteigen. Er war Mitbegründer der Theatiner, die 1524 die päpstliche Anerkennung erlangt hatten. Die beiden Neuansätze des Ordenslebens standen natürlich in Konkurrenz. Es gab eine persönliche Begegnung und Diskussion der beiden über ein zeitgemäßes Ordensleben. Ignatius ist mehr als kritisch. Er sieht drei Gründe für das schwache Wachstum der Theatiner. Das Leben des Gründers in Wohlstand und Pracht sei ein schlechtes Vorbild. Zweitens will Ignatius nichts wissen von Mönchen in der Bequemlichkeit der Stadt. Die Theatiner seien zu fest ins Chorgebet eingebunden, engagierten sich kaum in Predigt und tätiger Nächstenliebe; sie wollten die Demut des Bettelns nicht auf sich nehmen und lebten lieber von Spenden. Andere Dinge von größerer Wichtigkeit, also Fragen der Spiritualität, traue er sich nicht, schriftlich niederzulegen. Auch wenn Ignatius' Brief (BU 11) vielleicht nie abgeschickt wurde: Carafa wusste, wie Ignatius dachte. Er ertrug die Kritik nicht; seine Wut auf Ignatius sollte ihn noch als Papst bestimmen.[20] Solche Kritik an Amtsträgern hatte Tradition: Ein Franziskus, eine Katarina von Siena, eine Birgitta von Schweden redeten mit den Päpsten Klartext – und diese akzeptierten das; ihre Nachfolger sprachen alle drei heilig. Es gab im Hoch- und Spätmittelalter Raum für prophetische Kritik. Gotische Darstellungen bevölkern die Hölle regelmäßig auch mit Bischöfen und Päpsten. Die Gegenreformation, eben doch tief verunsichert, ertrug das nicht mehr. Als wären Kirchlichkeit und Linientreue nun ein und dasselbe, sollten kritische Stimmen für 450 lange Jahre ohne weiteres als Angriff auf die Kirche gewertet werden.

Die ignatianische Spiritualität ist unabhängig von priesterlichen Machtansprüchen entstanden, als Werk eines Nichttheologen, in der Einsamkeit des Krankenbetts und der persönlichen Gottsuche. Der Gehorsam zielt nicht auf das Durchsetzen der zentralen Macht. Keiner soll meinen, er hätte die Wahrheit gepachtet. Jeder soll bereit sein, der Verantwortung dessen zu folgen, der den größeren Bereich verantwortet. Im Konfliktfall soll er sich dem Urteil dritter Personen stellen. Auch der General untersteht in Fragen seiner Lebensführung und seiner Gesundheit seinen Assistenten (!); ferner ist ihm ein Seelsorger beigeordnet, der ihm in Leitungsfragen aktiv Rat geben soll.

Der Gehorsam steht im Zusammenhang des Hörens auf den anderen. Die erste Voraussetzung der Exerzitien ist kein Gottes- oder Menschenbild, kein Bekenntnis zu Christus, sondern eine kommunikative Haltung: Jeder Christ müsse bereitwilliger sein, die Aussage des Nächsten zu retten, als sie zu verurteilen: Keine Kommunikation ohne Wohlwollen! Aber – wenn sich dennoch Widerspruch aufdrängt? Wer die Aussage »nicht retten kann, erkundige sich, wie jener sie versteht«. Nachfragen, den Standpunkt des anderen besser verstehen, die Einfühlung vertiefen. Versteht der andere die Aussage schlecht, so verbessere man »ihn mit Liebe; und wenn das nicht genügt, suche er alle angebrachten Mittel, damit jener, indem er sie gut versteht, sich rette« (GÜ 22). Hier wird aus der jesuanischen Nächstenliebe eine differenzierte Kommunikation, jenseits einer Ideologie, die alle in gleicher Weise zu teilen hätten. Keine liberale Gleichgültigkeit, sondern leidenschaftliches Interesse am andern! Mit dem Eintreten in den subjektiven Standpunkt, in die Logik seiner Erfahrung, greift der Pluralismus Raum und verlangt ein sorgfältigeres Ethos der Kommunikation. Für Ignatius kann es »keinen größeren Fehler in geistlichen Dingen geben, als die anderen nach einem selbst leiten zu wollen« (Me 256).

Zur geistlichen Kommunikation gehört ganz selbstverständlich die Empathie. Die Art, die Exerzitien zu geben, soll genau auf Begabung, Alter, Bildung und Belastbarkeit des Übenden abgestimmt sein. Es gibt nicht die Exerzitien als feste, für alle gleiche Größe. Sie sind eine Methode, die von der Einfühlung lebt. »Wenn der, der die Übungen gibt, *spürt*, dass dem, der sich übt, keinerlei Regungen kommen wie Tröstungen oder Trostlosigkeiten …« (GÜ 6). Ignatius konnte seinem Gegenüber solche Freude zeigen, »als wollte er ihn in seine Seele aufnehmen«. Sein Leitungsstil setzt auf Sanftheit, indem er einem jeden gibt, was ihm aufgrund seiner Person oder seines Amtes zukommt (Me 180. 269). Seine Gefährten heißt er bei Verhandlungen »wenig und spät sprechen, lange und gern hören, indem man lange hört, bis sie zu Ende gesprochen haben, was sie wollen« (BU 32).

Nur langsam klärt sich die Sprache, bis sie einem Problem gewachsen ist. Die Erfahrung, sich nur in Worten ausdrücken zu können, die das Gemeinte verfälschen, begleitet die Christen durch die Geschichte. Die Auseinandersetzungen der alten Kirche um das Glaubensbekenntnis legen davon beredtes Zeugnis ab. Es ist nichts Besonderes, wenn Christen traditionelle Begriffe ablehnen, um den lebendigen Zusammenhang, den ursprünglichen Sinn zu bewahren. Auch die Sprache des Ignatius ist der Reinigung bedürftig. Der dialogische Gehorsam gegenüber dem Oberen ist nicht der eines *Etwas*, eines Stocks, eines toten Körpers (dumme Worte nennt Karl Rahner sie), sondern eines *Jemand,* der mitdenkt und Verantwortung übernimmt.

Nach den Erfahrungen des 20. Jahrhunderts ist das Wort Gehorsam belastet. Albert Rouet, einer der profiliertesten Bischöfe Europas, schreibt: »Wenn Sie diesen Raum abschaffen, in dem einer sein Gewissen befragt, dies Innehalten und Nachdenken über die Richtung, die er nehmen soll, dann hat das mit Ethik nichts mehr zu tun, dann gehorchen Sie der Vorschrift blind. Mit allen Gefahren, die der Gehorsam birgt, mit der Unterwerfung unter den ungerechten Befehl. Alle, die in die Schrecken des letzten Krieges eingetaucht sind, haben sich so verteidigt: ›Ich habe nur gehorcht!‹ ... Aber Gehorsam ersetzt das Gewissen nicht, er rechtfertigt nicht alles. Wenn er das Gewissen betäubt, wird der Gehorsam zum Mittäter. Folglich darf er sich in der Kirche nicht, auch nicht in sanftem Ton, auf Fragen beziehen, die man nicht versteht und die nicht vorbereitet sind. Natürlich entscheidet jemand und ein anderer gehorcht, aber zwischen den beiden steht die Sendung. Das Spiel des Gehorsams spielen wir zu dritt. Jesus gehorcht dem Vater, aber man darf nie vergessen, dass eine Sendung das Geschehen bestimmt. Das Überzeugen, nicht das Gehorchen ist das Wichtigste. Hier geht es nicht zu wie zwischen Guru und Schüler. Hier vermittelt ein großes Ziel die Hingabe beider.«[21]

Das Entsprechende gilt für das hässliche, bei Ignatius allgegenwärtige Wort *Abtötung*. Es passt nicht zur Erfahrung, dass der Heilige Geist lebendig macht. Wohl führt der Weg der Christen durch Scheitern und Kreuz, auch durch seelisches Sterben. Aber nicht wir sind es, die töten: ein wichtiger Unterschied! Sich an ihm zu orientieren verwässert die Haltung von Ignatius nicht. Sein Menschenbild geht ja davon aus, dass es ungeordnete Neigungen gibt, die der Klärung, der Hinordnung auf das rechte Ziel bedürfen – aber nicht dass es solche gibt, die, da in sich böse, auszumerzen wären. Die Exerzitien zielen aufs Zuhören, nicht darauf, den Kontakt mit manchen Stimmen von vornherein zu verhindern. Ein lebensfreundliches Ideal! Besser also sprechen wir von Hingabe an Gott, die nicht rechnet und sich keinen Schleichweg zum Eigennutz offenhält. »Nehmt, Herr, und empfangt meine ganze Freiheit, mein Gedächtnis, meinen Verstand und meinen ganzen Willen, all mein Haben und mein Besitzen. Ihr habt es mir gegeben; Euch, Herr, gebe ich es zurück. Alles ist Euer, verfügt nach Eurem ganzen Willen. Gebt mir Eure Liebe und Gnade, denn diese genügt mir« (GÜ 234; vgl. Me 332). »Die Erfahrung zeigt, dass die Zufriedenheit, die man in diesem Leben haben kann, sich nicht bei den Schlaffen findet, sondern bei denen, die voll Eifer im Dienst Gottes sind.« Sie kommen durch ihre gute Haltung wie von allein dazu, leicht und fröhlich gut zu handeln. Indem sie Gott gehorchen, dem freundlichen Tröster, öffnen sie sich, seine Tröstungen zu empfangen (BU 169). Ist diese lebensfreundliche Hingabe echt, stimmt auch der Gehorsam.

## Soziologie der Geisterfahrung

Neben Theologie und Psychologie trägt auch die gesellschaftliche Erfahrung zur Erkenntnis des Geistes bei. Die Christen lernen von den Strömungen der Geschichte etwas über Gottes Willen. Sie kennen ein Wirken des Heiligen Geistes, das nicht von der Kirche ausgeht, auch keinen kirchlichen Namen trägt. Einfach so tritt es in der Geschichte auf. Seit Johannes XXIII. sind die *Zeichen der Zeit* ein Grundbegriff der katholischen Lehre. Sie sind etwas anderes als natürliche und konventionelle Zeichen. Erstere tragen ihre Bedeutung in ihrer unmittelbaren Gegebenheit: Gras in der Wüste spricht vom Wasser, eine Spur im Schnee vom Tier, das sie hinterließ. Konventionelle Zeichen erschafft sich der Mensch – Worte, Gesten wie den Händedruck, Bilder wie den Pfeil an einer Kreuzung. Ein Zeichen der Zeit aber ist eine menschliche Tat, die über ihre unmittelbare Bedeutung hinaus Symbol einer großen Bewegung wird. Der Sturm auf die Bastille, bewacht von ein paar Veteranen und Invaliden, befreite 1789 gerade sieben unbedeutende Gefangene und wurde doch weltbekannt als Symbol der Revolution. Das Wesentliche ist nicht das historische Detail, sondern die geschichtliche Kraft, die in ihm Gestalt gewinnt. In einem Zeichen der Zeit wird eine Gemeinschaft ihrer Kräfte und Hoffnungen inne. Die Bedeutung ist nicht nachträglich an das Faktum angefügt; das Bewusstsein erwacht im konkreten Ereignis selbst.[22]

Johannes XXIII. findet Zeichen der Zeit im wirtschaft-

lichen, kulturellen und politischen Aufstieg der Arbei-
terklasse, im Eintritt der Frau in das öffentliche Leben
und in der Selbstbestimmung der Kolonialvölker. Weiter in der wachsenden Überzeugung, dass Streit zwischen Völkern nicht mit Waffen, sondern durch Ver-
träge und Verhandlungen zu regeln sei, und in der
Gründung der Vereinten Nationen 1945. Angesichts
schrecklicher Waffen führt die Sorge um den Frieden
zur Erkenntnis der eigenen Grenzen und öffnet für spirituelle Werte. So wächst die Menschheit in gegenseiti-
ger Freundschaft und Entwicklung zusammen. Schließlich nennt der Papst die Menschenrechte, ihre Aufnah-
me in den Verfassungen sowie Strukturen, welche sie
juristisch durchsetzen. In diesen Bewegungen erkennt
der Papst die Menschenfreundlichkeit der Frohen Botschaft wieder. Er anerkennt die Menschenrechte für die
Kirche ausdrücklich und im Detail, ein Rechtsakt, der
nicht mehr rückgängig zu machen ist. 50 Jahre später
treten neue Zeichen der Zeit auf. Zu ihnen zählt der
gewaltlose Zusammenbruch der kommunistischen Dik-
taturen, das Bewusstwerden der Armen in Basisge-
meinden, der Einsatz zahlreicher NGOs wie *amnesty in-
ternational* und *peace watch* für die Menschenrechte und
die weltweite Solidarität, zu dem der Klimawandel die
Menschheit – langsam – bewegt.
Diese ethischen Werte, welche die Christen mit den
Nichtgläubigen teilen, sollen sie erkennen und annehmen lernen. Wenn die Christen die Hoffnungen ihrer
Zeit leidenschaftlich empfinden, können sie die Spur
des Geistes in den Ereignissen lesen. Die Frohe Botschaft wird Gegenwart, indem die Christen sie vom
Sehnen der Zeit her neu verstehen. »Der Prophet ist
wirklichkeitsnäher als der Gelehrte, weil er in der Geschichte lesen kann. Er nimmt, jenseits abstrakter Prin-

zipien, die Zeichen der Zeit wahr.«[23] Die Verbundenheit mit den Hoffnungen, welche eine Zeit umtreiben, ist ein Kriterium dafür, ob ein Mensch vom Geist ergriffen ist. Es zeigt sich in einer leidenschaftlichen, mehr emotionalen als analysierenden Verbundenheit mit den großen Fragen einer Epoche.

Für sich genommen kann diese Verbundenheit zu den schrecklichsten Verirrungen beitragen. Ihre Kraft beweisen die Kriterien im Zusammenwirken. Ihre Vielzahl zeigt, dass der Geist nicht so unfassbar und vage ist, wie es auf den ersten Blick scheint. Zugleich verwirrt die lange Liste. Bei welchem Kriterium beginnen? Und wie gewichten? Es gibt viele Formen christlichen Umgangs mit sich selbst. Ein jeder soll den eigenen Weg finden. Und alle Kriterien bedürfen des kritischen Blicks des anderen, um klar zu werden. Erst indem der Suchende die innersten Regungen dem geistlichen Vater, dem Exerzitienbegleiter oder der Bibel lesenden und betenden Gemeinschaft vorlegt, sie ihrem Urteil unterwirft, trennt sich die Spreu vom Weizen. Nur eine starke Beziehung nach außen vermeidet, dass ein Mensch in seiner Innerlichkeit untergeht und um sich selbst kreist. Christen nehmen den Geist ernst, indem sie offen sind für das Wort des anderen und seine Kritik.

## Freiheit und Verwandlung

Der Geist ist nicht nur da, wo Menschen sich ausdrücklich auf Gott beziehen. Das Gegenteil zu behaupten würde das Göttliche dem menschlichen Beherrschen unterstellen und religiöser Arroganz Tür und Tor öffnen. Doch auch das andere ist wahr. Es kommt darauf an, ob ein Mensch das Wort spricht: Gott. Anbetend, sich selbst vergessend, als letztes Wort vor dem Verstummen – oder ob er es unterlässt. Bei einem Liebhaber ist es leicht, den Unterschied einzusehen. Sucht er das Wort, legt er sich fest – oder nicht? Gerade so macht es einen Unterschied, ob ein Mensch in seinem Innersten sagt: Ja, hier bin ich – oder ob er nichts sagt. Wenn der Mensch nicht einfach nur existieren will, egal wie, sondern wenn er sein Dasein auf menschliche Weise vollziehen will, dann bedeutet seine Antwort etwas, seine betende Antwort. Ganz gerecht wird der Mensch dem Geist in seinem Herzen erst, wenn er ihn fließen lässt, auf einem Niveau, das dem Menschen angemessen, eben menschlich ist: in sprachlicher Gestalt und bewusster Entscheidung. Die Gegenwart des Geistes kommt zu sich, wo ein Mensch betet. Bliebe auch der Horizont undurchdringlich, käme ein Mensch sich albern und lächerlich vor: Es kommt darauf an, ob der Geist die letzte Tat vor dem Verstummen bestimmen darf oder ob es doch die taktierende, ängstliche Vorsicht des Ich ist, das sich alle Möglichkeiten offenhält.

Der Geist verwandelt von innen heraus. Ein Mensch kann durchsichtig werden für die göttliche Kraft, die in seinem Innern wohnt. Gerade in dem Maße, in dem ein Mensch sich ihm anvertraut, gibt sich ihm der Geist. Er zwingt sich niemandem auf, sondern erfüllt jeden nach dem Maß, in dem er Raum erhält. Der Geist, so Basilius von Caesarea, steht »jedem, der ihn empfängt, bei, wie wenn er der Einzige wäre, und gewährt doch allen jeweils die Fülle der Gnade. Die an ihm Anteil haben, genießen ihn nach dem Maß ihrer Kräfte, nicht nach demjenigen seiner Macht.« Dies Durchsichtigsein durchdringt das alltägliche Entscheiden und stellt sich in einem hohen Ethos dar. »Durch den Geist werden die Herzen erhoben, die Schwachen bei der Hand genommen, die Fortschreitenden zur Vollendung geführt. Indem er die von der Sünde Gereinigten erleuchtet, macht er sie durch die Gemeinschaft mit sich zu geistlichen Menschen. Wie helle und durchscheinende Körper unter einfallendem Strahl selbst zu leuchten beginnen und aus sich heraus ein eigenes Licht werfen, so strahlen die geisttragenden Seelen, die vom Heiligen Geist Erleuchteten, die jetzt selbst geistlich geworden sind, diese Gnade nun auf andere Menschen aus.«[24]

# 3. Zwei Hände des Vaters

Ein breit abgestütztes Zeugnis also von *Gott in mir!* Zugleich aber vertritt das Christentum und kennt die Erfahrung des Anderen, der mich in Anspruch nimmt, ob es mir passt oder nicht. Es fordert Hingabe und Loslassen meiner selbst. Wie gehört das zusammen? Indem die Christen an einen dreifach gegenwärtigen, dreifaltigen Gott glauben.

*Tauft sie im Namen des Vaters, des Sohnes und des Heiligen Geistes* (Mt 28,19)! Die Taufformel der Christen setzt dreimal neu an, ebenso das Glaubensbekenntnis. Ich glaube an Gott, den Vater … ich glaube an Jesus Christus … ich glaube an den Heiligen Geist. Das Christentum bekennt die Gegenwart Gottes an drei Orten der menschlichen Erfahrung: Der Mensch erfährt immer schon ein unbegreifliches Geheimnis als Horizont seines Bewusstseins und seiner Tat; seine Selbstwahrnehmung steht immer schon im Strom einer Lebendigkeit, die seinem Gestalten vorausliegt; und er erlebt den Mitmenschen immer schon als absolut bedeutsam.

## Des Vaters Hände formen den Menschen

Der Mensch erfährt Grenzen. Er stößt ans Ende seiner Möglichkeiten. Leid und Tod, Sinn und Angst, Sehnsucht und Hoffnung stellen Fragen. Was bedeutet das alles? Hat das Leid einen Sinn? Wie kann ich zu mir selbst ja sagen? Fragen, die der Mensch mit Begreifen und Beherrschen nicht erledigen kann. Die Grenzen sagen nicht, wie sie zu deuten sind. Sie sagen nicht, was sie vom Menschen wollen, ja nicht einmal, dass sie überhaupt etwas wollen. Es öffnet sich am Ende, im Allerinnersten und hinter den Dingen und Erlebnissen ein Raum unabsehbarer Weite, ein offener Horizont, anwesend, schweigend, dunkel. Es öffnen sich ursprünglich menschliche Alternativen: Vertrauen oder Misstrauen, Hoffnung oder Verzweiflung, Hingabe oder Verschließung, Ja oder Nein.

Das Christentum bekennt: In der Erfahrung dieses Horizonts, ja des Nichts kommt uns ein heiliges Geheimnis nahe. Ein Geheimnis: nichts Gedankliches, Nachträgliches, sondern eine ursprüngliche Gegenwart. Aber wie kann überhaupt etwas Fernes, zum Beispiel eine fremde Sprache, eine Kultur, wie kann ein Horizont nahekommen? Das ist auf zwei Wegen denkbar: Die Art, wie ein Mensch blickt, kann sich verwandeln. Was nicht auf den ersten Blick zugänglich war, erschließt sich. Oder in der Außenwelt kann etwas auf das Geheimnis im Horizont hinweisen. Ein Wort, das einem gesagt wird; eine Begegnung; eine menschliche Gestalt. Das Christentum erzählt davon, wie sich im Horizont eine unbegreifliche Gegenwart erschließt, als Vater und Mutter. Mit beiden Händen rührt und berührt der Unbegreifliche den Menschen, dieses Stück Materie, von innen und von außen. Er hält ihn und gestaltet ihn nach und nach zu seinem Bild, so wie ein Töpfer ein Gefäß formt.[25] Mit beiden Händen! Die formende Hand ginge ja ins Leere, hielte nicht die andere dagegen. Ignatius schreibt, dass Gott den Menschen, der sich ihm hingibt, umarmen möchte (GÜ, Vorbemerkung 15). Auch das geschieht mit beiden Händen …

Eine Hand rührt den Menschen von innen. Indem wir den Geist erfahren, spüren wir Gott in uns. Die andere Hand berührt den Menschen von außen: in einem tröstenden Du; in einer Nähe, die sich öffnet und Halt gibt;

in einem Wort, das einer sich nicht selbst sagen kann und das zu Herzen geht. Oder im Blick eines lieben Menschen; im Anspruch, den das Leiden eines anderen stellt. In der Begegnung mit dem anderen gibt es die Erfahrung, etwas eindeutig zu sollen, ohne dass es sich rational angemessen begründen ließe. Der Mitmensch ist ein ursprünglicher Ort der Erfahrung Gottes. Bei Matthäus (25,31ff) urteilt Christus als Weltenrichter danach, ob ein Mensch ihn nährte, als er hungrig, bekleidete, als er nackt, besuchte, als er krank und im Gefängnis war. Auf die erstaunte Frage, wo das denn gewesen sei, gibt der Herr zur Antwort, dass er selbst aus jedem Leidenden geblickt habe. *Was ihr einem meiner geringsten Brüder getan habt, das habt ihr mir getan.* Für Benedikt spricht im Mitbruder, im Abt, besonders aber im anklopfenden Fremden Christus selbst: »Gäste, die ankommen, empfange man alle wie Christus; weil er selbst sagen wird: Ich war fremd, und ihr habt mich aufgenommen. Man begegne allen Gästen in tiefer Demut: Man neigt den Kopf oder wirft sich ganz zur Erde nieder, um in ihnen Christus zu verehren, der auch wirklich aufgenommen wird.«[26] Die lateinamerikanischen Bischöfe erklärten 1979: Die »äußerste allgemeine Armut nimmt im täglichen Leben sehr konkrete Züge an, in denen wir das Leidensantlitz Christi, unseres Herrn, erkennen sollten, der uns fragend und fordernd anspricht«. Daraus ergibt sich die Option für die Armen.[27] Im Blick und Wort des anderen, vom Leidenden bis zum Amtsträger, erkennt das Christentum Gottes Gegenwart.

Das Wort des Gegenübers hat das gleiche Gewicht wie die Erfahrung des Geistes. Eine zur Esoterik neigende Zeit mag es überraschen, dass die Christen die Außenwelt ebenso wichtig nehmen wie die Innenwelt. Umgekehrt kann den Menschen des alltäglichen Funktionierens erstaunen, wie radikal das Christentum die Außenwelt relativiert.

Es gibt keine Erfahrung des Geistes, die nicht schon auf inspirierende Begegnung zurückblickte. Es gibt kein Wort, das ins blanke Nichts erginge, immer wird es in eine Beziehung gesprochen. Die beiden Hände spielen miteinander, sie werfen einander die Bälle zu. Und niemand erkennt das Geheimnis ohne Kreativität und Sprache. Geheimnis, Innen und Außen sind immer schon als Kommunikation da. Das Christentum bekennt die dreifaltige Gegenwart als einen Gott. Gott ist ein Kommunikationsgeschehen, das von dreien, die zueinander in Beziehung stehen, ausgeht und sie zugleich hervorbringt. Ihr Eigenstand und ihr Zusammenspiel sind gleichzeitig da: ein Jetzt, das sich auf keine andere Größe zurückführen lässt.

Der Glaube der Christen bezieht sich auf alle Menschen. Die beiden Hände des Vaters berühren alle, gleich welcher Religion oder Konfession, welchen Glaubens oder Unglaubens. Gott will, dass *alle Menschen gerettet werden und zur Erkenntnis der Wahrheit gelangen*[28]. Menschen gleich welchen Bekenntnisses, *die beharrlich Gutes tun und Herrlichkeit, Ehre und Unvergänglichkeit erstreben, gibt Gott ewiges Leben. Herrlichkeit, Ehre und Frieden werden jedem zuteil, der das Gute tut, zuerst den Juden, aber ebenso den Griechen* (Röm 2,7.10). Wo ein Mensch sich von der Not des Menschen rufen lässt, wo er seiner Sehnsucht folgt, ohne genau zu wissen, was er tut, wo er vertraut, hofft und liebt, auch ohne christliches Bekenntnis – da sieht ihn das Christentum von den Händen ergriffen. Der Auferstehung zum Leben gehen nicht nur die Christen, sondern alle Menschen guten Willens entgegen, »in deren Herz die Gnade auf un-

sichtbare Weise wirkt. Da nämlich Christus für alle gestorben ist, und da es in Wahrheit nur eine letzte Berufung des Menschen gibt, nämlich die göttliche, müssen
wir festhalten, dass der Heilige Geist allen die Möglichkeit anbietet, sich mit diesem österlichen Geheimnis in
einer Gott bekannten Art zu verbinden«.[29]

## Der Wille Gottes

Gott ist der menschlichen Erfahrung in dreifacher Weise gewärtig. Nicht wie ein Möbel, sondern wie eine
mal ruhige, mal aufgewühlte See, auf dem das Schifflein
eines Menschen segelt. Es reagiert auf Seegang und
Wind, um nicht zu kentern: mit je anders gesetzten Se-
geln, in der Wahl des Kurses, in der Suche nach einem
sicheren Ankerplatz. Auch der Sinn der Fahrt soll sich
erfüllen, Fischfang und Erreichen des Hafens. Auch dieser Sinn kann sich ändern, wenn ein Schiff in Seenot
Hilfe braucht oder wenn der Reeder eine neue Entscheidung getroffen hat. Den Menschen umgibt von innen und außen eine Dynamik, nicht nach Art eines Etwas, sondern so, dass der Mensch sich als Objekt einer
ichfremden Bewegung erlebt, wie gegenüber einem Jemand. Immer wieder erfordert sie Achtsamkeit und Anpassung. Von allen Seiten gefordert, tasten die Christen
nach dem Willen Gottes.
Diese Erfahrung Gottes als vielfache Dynamik tritt erst
mit der Neuzeit deutlich hervor. In der mittelalterlichen
Metaphysik stand die *Existenz* Gottes im Mittelpunkt
einer statischen Pyramide: Gott war die erste Ursache
und das letzte Ziel von allem, was ist. Ignatius aber betet und denkt im Horizont der individuellen Freiheit,
im Raum von Handlungsmöglichkeiten. Deshalb tritt
hier der *Wille* Gottes ins Zentrum.[30]

Leider ist in der Kirche heute vom Willen Gottes kaum die Rede. Die Christen sind nicht dabei, gemeinsam und geduldig die Geister zu scheiden und sorgfältig nach Gottes Willen zu suchen, den sie noch nicht kennen. Stattdessen gehen alle von objektiven Notwendigkeiten aus, zu denen es keine Alternative gebe. Die Klerikalen schreiben kirchenrechtlichen Paragraphen, die Liberalen demokratischen Grundrechten, die Evangelikalen bestimmten Bibelversen absolute Geltung zu. In den Fragen, die zur Entscheidung anstehen, nehmen diese Notwendigkeiten faktisch die Stelle des Willens Gottes ein. Hier beanspruchen Stimmen der Außenwelt, den Willen Gottes umfassend darzustellen, auch wenn sie sich der frommen Formel mit guten Gründen schämen. Der Mensch und Christ von heute hört diese Worte – und weiß sich doch auch von innen gefordert. Er weiß es dunkel, da ihm seine Innenwelt unergründlich ist. Aber doch genau genug, um zu spüren, dass am Anspruch jener christlichen Stimmen etwas nicht stimmt. Eine Methode, den Willen Gottes zu finden, könnte die sein, die Vielfalt der Erfahrungen mit einer ursprünglichen Einheit in Beziehung zu setzen und so alle miteinander zu verbinden. Die Christen können sie gewinnen, indem sie den Willen Gottes als Synthese verstehen, die im Dialog gefunden wird. Indem die beiden Hände des Vaters den Menschen berühren, geben sie ihm Richtung. Die Sehnsucht richtet den Menschen auf ein großes Ziel aus; das Wort des Mitmenschen fordert und fördert konkrete Schritte. Die beiden Hände des Vaters wollen etwas vom Menschen. Sie rufen und senden ihn. Es steht dem Menschen frei, sich dem Ruf anzuvertrauen. In dem Maße, in dem er sich an den dreifach Gegenwärtigen hingibt, gestalten Geist und Wort den Menschen.

Die eine Hand des Töpfers kann den Ton nicht gestalten, wenn nicht die andere gegenhält. Die Hände wirken zusammen, auf geheimnisvolle Weise. In der Bibel trägt der Geist das prophetische Wort (Ri 3,10; Jes 11,2); er bringt in Zeugung, Taufe und Auferstehung (Röm 1,4; Joh 6,63) den Sohn Gottes hervor; der Geist führt ihn (Mt 4,1; Lk 14,18) und spricht aus ihm (Lk 4,14). Kraft des Geistes gibt Jesus sich selbst hin (Hebr 9,14). Umgekehrt weckt das Wort den Geist (Ez 37); der Geist geht von Jesus aus (Lk 12,49; Joh 20,22). Im Glaubensbekenntnis kommt zuerst das Wort; nach der Schrift schwebt vor allem Wort der Geist über den Wassern. Sosehr einmal die eine, ein anderes Mal die andere Hand im Vordergrund steht: Um mit dem Willen Gottes eins zu sein, bedarf es der Achtsamkeit für die eigene Lebendigkeit ebenso wie der Offenheit für das Gegenüber. Das Wort gibt dem Geist Richtung und Gestalt; der Geist relativiert das Wort, im ursprünglichen Sinn: Er nimmt es in eine lebendige Beziehung auf.

Dass in der Erfahrung jemand gegenwärtig ist und dass sich Innen und Außen im Zusammenhang erschließen, ist unverdientes Geschenk und Gnade. Dem widerspricht nicht, dass der Wille Gottes nur als schöpferische Leistung des suchenden Menschen erscheinen kann. Er wird nicht gefunden als etwas Fertiges. Indem der Christ auf die Stimmen hört und sie bewertet, innen und außen, wird der Wille Gottes erst erkennbar. Keine äußere Instanz kann dem Gewissen die Synthese abnehmen. Auch wenn es sich ganz dem kirchlichen Lehramt oder einer anderen Stimme anvertraute, müsste es dies vor sich selbst begründen und mit den Orten seiner Gotteserfahrung in Übereinstimmung bringen.

## Wille Gottes, Dialog, Konflikt

Aus dem Wirken der beiden Hände des Vaters ergibt sich der kritische Dialog als Grundhaltung der Christen. Sie rechnen damit, im Mitmenschen Gott gegenüberzustehen, ebenso wie in der Mitte ihres Verhältnisses zu sich selbst. Dabei ist nicht einfach das erstbeste Wort des Mitmenschen Gottes Stimme. Etwas darin kann unbedingte Bedeutung tragen, und es gilt genau zu verstehen, was das sei. Der Christ wird also nachfragen – gerade so, wie er im Hören auf seine inneren Stimmen die Geister zu scheiden sucht. Aus welcher Stimme spricht eher menschlicher Machtanspruch und Selbstschutz? In welcher Stimme klingt der Ton des Guten Hirten? Das Wort Gottes kann sich nur zeigen, wo ein Mensch sich nachfragend interessiert für den Standpunkt des anderen und dessen Gründe einbezieht. Wer sich zum dreifach Gegenwärtigen bekennt, ist auf den Dialog, auf seine Mühen und Kreuze verpflichtet. Er lässt sich daran messen, wie glaubwürdig er gegenseitige Anerkennung verkörpert. Kirchliche Verantwortliche werden des Willens Gottes überhaupt erst ansichtig, indem sie einen sorgfältigen Dialog pflegen – mit ihren eigenen Stimmen und allen Menschen, zu denen sie gesandt sind.

Christen glauben, dass die beiden Hände des Vaters im Tiefsten zusammenwirken. Das ist das Eine. Das Andere ist, dass die menschliche Erfahrung der Hände des Vaters unklar, verstellt, ja gebrochen ist. Emotionale Verletzungen, kulturelle Verengungen, historische Zufälle, das instinktive Vermeiden des Unbequemen und dergleichen mehr stehen der Wahrnehmung im Weg. Die Theologen nennen diese Erfahrung Konkupiszenz: Es führt kein ungebrochener Weg von der spontanen

Erfahrung zur Erkenntnis Gottes. Der Christ und die Kirche erkennen den Sohn nicht so klar, dass sie der Erziehung und Vertiefung durch den Geist nicht mehr bedürften (Joh 14,26). Umgekehrt erkennt kein Mensch seine inneren Strebungen so klar, dass er nicht mehr der Inspiration und Korrektur durch den anderen und sein Wort bedürfte.

Die menschliche Erfahrung nimmt die mehrfache Gegenwart Gottes meist als Spannung, oft sogar als Konflikt wahr. Ihr Zusammenklang liegt nicht auf der Hand. Es wäre naiv, erwartete man vom gemeinsamen Bekenntnis die Harmonie in allen Lebensfragen. Wenn die Lebendigkeit eines Jugendlichen, sein Wunsch nach größerer Freiheit, in Konflikt gerät mit der Verantwortung der Eltern. Wenn die Sehnsucht nach Harmonie einen Partner in Konflikt mit dem Wunsch seiner Partnerin bringt, sich zu entwickeln und Neues zu wagen. Wenn in einer Gesellschaft die Sehnsucht nach Gerechtigkeit mit dem Bewahren des Bewährten ringt: Es ist nicht von vornherein klar, was Gott will. Christen sind auf die Suche gesandt nach dem Willen Gottes. Ihr Glaube an eine verborgene Einheit lässt sie hoffen, so dass sie nach Zusammenklang suchen, wo Sinne und Vernunft nur Auseinanderstreben erkennen. Streit gehört zum Leben, erst recht zum christlichen. Versöhnung und Gemeinschaft wollen durch achtsame Auseinandersetzung je neu erarbeitet sein. Paulus, der Petrus ins Angesicht widersprach, hat das schon in der ersten Generation der Christen zu klarem Bewusstsein gebracht (Gal 2,11ff). Die beiden Hände des Vaters stellen die Christen in einen Raum leidenschaftlicher Auseinandersetzung. Das Austragen der Spannungen, das Vertrauen auf den Geist an der Wurzel der eigenen und der gegnerischen Position öffnen die Herzen für aufbauende Lösungen. Ein erstaunliches Wort unbekannter Herkunft drückt die versöhnte Spannung aus: *Der wahre Christ hat drei Eigenschaften: Er hat keine Angst, ist immer in Schwierigkeiten und in alldem unsagbar glücklich.*

Aus der Geschichte der jüdischen und christlichen Theologie sind streitbare Auseinandersetzungen nicht wegzudenken. Die Bibel beginnt nicht mit einem, sondern mit zwei Schöpfungstexten, die einander widersprechen. Sir 17,7 und Röm 8,19ff führen nochmals ganz andere Weisen des Schöpfungsglaubens ein. Das Alte Testament steht der Einheitsmeinung von (Hof-)Propheten kritisch gegenüber. Jeremia spricht in ganz anderem Ton als Amos oder Jesaja. Die Bibel verbirgt die individuelle Verschiedenheit von Stil und Botschaft nicht. Von Leben und Sterben Jesu gibt es keinen Einheitsbericht. Vier Evangelien und nochmals anders Paulus setzen unterschiedliche Schwerpunkte. In Sachen Gesetz und Gericht widerspricht Matthäus Paulus scharf. Dennoch gehören sie zur gleichen Glaubensgeschichte. Indem die ersten christlichen Generationen ein vielstimmiges Neues Testament zusammenstellten, verstanden sie ihren Glauben als Einheit in Vielfalt.

Die Kirchengeschichte setzt den Pluralismus fort. Die Christen haben eine großartige Weite gelten lassen: Wüstenmönche und dominikanische Professoren, den Poverello von Assisi und methodisch vorgehende Jesuiten, stille Beterinnen und tätige Schul-, Missions- und Pflegeorden. Sie akzeptierten die Vielfalt benediktinischer, dominikanischer, franziskanischer und ignatianischer Theologie, die in Spannung und Wettbewerb, oft in Streit miteinander standen. Man hat diese Fähigkeit zur Integration *Katholisches Und* genannt. Meist haben die Christen nicht versucht, eine einheitliche Theologie verbindlich zu machen. Wenn doch, etwa in Neuscholastik oder lutherischer Orthodoxie, folgten innere Verarmung und Unfruchtbarkeit, Spaltungen und schwindender Einfluss. Früher oder später brach die Vielstimmigkeit wieder durch. Das Christentum lebt in der Erfahrung, dass sich seine Einheit je neu in Mehrstimmigkeit und Dialog findet.

Die Jesuiten begegneten dem Pluralismus von Anfang an in der eigenen Mitte; ihre Spiritualität ist so etwas wie die Kunst, mit ihm umzugehen. »Weil die einen von uns Franzosen, andere Spanier, andere Savoyarden, andere Basken waren, waren wir in verschiedene Auffassungen und Meinungen gespalten. Und es darf auch niemandem verwunderlich erscheinen, dass es unter uns Schwachen und Gebrechlichen eine solche Vielheit von Auffassungen gegeben hat, da doch selbst die Apostel und viele andere vollkommene Männer, untereinander verschiedene und zuweilen entgegengesetzte Auffassungen hatten und ihre entgegengesetzten Auffassungen schriftlich überliefert haben.«[31] Sollte der Kampf gegen den ›Relativismus‹ diesen Pluralismus der Standpunkte und Sprachen im Auge haben – er hätte Ignatius gegen sich.

## Gott – Kommunikation

Seit seinen prägenden Erfahrungen in Manresa hat Ignatius »viel Andacht zur Dreifaltigkeit«: eine Intuition, in sich ruhend, selbstverständlich, keiner Begründung bedürftig. Er kann sich Gott einfach nicht als Spitze einer Herrschaftspyramide vorstellen. Einmal sieht er die Dreifaltigkeit in Gestalt dreier Orgeltasten vor sich, was ihn zu Tränen rührt, es ist kein Ankommen dagegen. Wie ein Dreiklang[32], ein großer Zusammenhang, der seine innere Welt, den Sinn der Welt und seine Auf-

gabe zu einem Ganzen verbindet. Seine selbstzerstöre-
rische Askese, sein Selbsthass, die Selbstmordgedanken
beruhigen sich. Das ist viel mehr als die augustinische
Vorstellung des Einen, der sich im Wort erkennt und im
Geist liebt – blasser Gedanke, ohne Bezug zur eigenen
Erfahrung. Nein, hier findet sich ein Suchender. Innen
und Außen ordnen sich zusammen zu einem Bild seiner selbst und der anderen: zu einem großen Ja.

Selbstfindung … nie ganz in Worte zu fassen, jenseits des
Begreifens, Geheimnis. Immer tiefer will sie ausgelotet
sein. Entdeckt ein junger Mensch seine Berufung zum
Musiker, verbindet eine große Liebe zwei Menschen –
da ist mit dem besonderen, heiligen Moment nicht alles gesagt. Das wäre ja das Ende der Musik, der Tod der
Liebe! Nein, so vieles schwingt mit! Helles und Dunk-
les, Stille und Flucht, Gesundes und Versehrtes nehmen
ein Leben in Anspruch, wollen verkostet, durchwan-
dert, durchlitten sein. Will buchstabiert, immer wieder
interpretiert werden, von Ignatius selbst, von uns, die
wir an seinem Erbe Orientierung und Inspiration suchen. Hier entfaltet sich etwas ganz anderes als eine
Ideologie, die, außer sich, in jedem dritten Satz Jesus sagen muss. Die selbstblinde Identifikation mit dem Ideal – »der heilige Franziskus hat das getan, also muss ich
es auch tun« (BP 7) – lässt Ignatius hinter sich. Er
schrieb damals ein – leider verlorenes – Buch über die
Dreifaltigkeit.[33]

Seitdem spürte er stets große Andacht, wenn er zur
Dreifaltigkeit betete. Gott, das ist für ihn die Gemeinschaft von dreien, die gemeinsam auf dem Thron sitzen,
gemeinsam auf die Erde herabschauen: zu dritt Gegenüber des Betens (GÜ 102–109), während das Gebet an
einzelne Personen sich, eigentümlich, an Vater, Sohn
und – Maria wendet (GÜ 147. 199). Ist Maria die Pro-

jektionsfigur, in der sich die innere Welt der Sehnsucht ausdrückt und findet? Zum Bewusstsein von *Gott in mir*, zu einer kommunikativen Welt gehört ein Gottesbild, das Gemeinschaft, Beziehung und Kommunikation stark macht. Als wäre es nichts Besonderes, in kindlicher Zuversicht, wechselt Ignatius die Perspektive. Die Betrachtungen der Exerzitien münden jeweils in ein Gespräch mit Gott: So wie ein Freund zum Freund spricht – oder ein Knecht zu seinem Herrn, Ignatius schließt den konventionellen Tonfall nicht aus. An anderer Stelle leitet er an zu betrachten, wie Christus die Menschen tröstet, und dabei zu »vergleichen, wie Freunde einander zu trösten pflegen« (GÜ 124). Mit dem Erwachen des Subjekts tritt ein partnerschaftlicher Tonfall ins Gebet ein, durchaus im Widerspruch zur Demut Benedikts. »Die Liebe besteht in Mitteilung von beiden Seiten: Dass der Liebende dem Geliebten gibt und mitteilt, was er hat und kann, und genauso umgekehrt der Geliebte dem Liebenden« (GÜ 231).

# 4. Unsichtbare Gegenwart – sichtbare Lebensform

Die Erfahrung von *Gott in mir,* das Bekenntnis zum Geist, gehört zum Christentum. In welcher Beziehung steht sie zur Institution? Wenn *Gott in mir* ist, was braucht es die Kirche? Kräfte sieht man nicht, aber Wirkungen. Anziehung ist unsichtbar, Kommunikation aber drückt sich sichtbar aus. Gerade so hängt die unsichtbare Gegenwart mit dem Gebet und der kirchlichen Institution zusammen. Gemeinsam bewirken die beiden Hände sichtbare Gemeinschaft.

## Geist, Wort, Institution

Mit unserer Kreativität verhält es sich wie mit einem Holzscheit, das in einem Feuer liegt. Mit anderen Scheiten kann es leuchten und glühen. Nimmt man es aus dem Feuer heraus, mag es wohl noch etwas flackern und noch lange glimmen. Doch mit den hellen Flammen ist es aus. Begeistert sein kann man auf Dauer nicht allein. Zur frohen Flamme, zum Licht wird Glut nur, wenn sie Gemeinschaft wagt. Der Mensch ist ein Gemeinschaftswesen, lebenskräftig gerade nach dem Maß seiner Beziehungen. Niemand kann stärker sein als das Netz, das ihn trägt. Lebendigkeit und Gemeinschaft sind zwei Seiten derselben Medaille.
Was wäre ein junger Fußballer, der mit niemandem kommunizieren wollte? Könnte er es ganz allein an die Spitze schaffen? Was wäre eine Geigerin, die keinen Unterricht und kein Zusammenspiel akzeptierte? Könnte sie ganz privat, im Namen ihrer künstlerischen

Authentizität, ihre Begabung pflegen? Es ist offensichtlich: Ohne Institution, die Training und Unterricht,
Spiel und Konzert organisiert und verbindlich trägt,
wird aus dem Talent des Einzelnen nichts. Wo ein Wert
auf Dauer bestehen soll, schaffen Menschen Institutionen. In Familie und Schule, Sport und Kunst, in Staat
und Gesellschaft ist das selbstverständlich. Dauerhafte
und teure, sogar träge und vereinsmeiernde Strukturen
sind sinnvoll. In allen Lebensbereichen führt ein Weg
vom Geist zur Institution.

Der andere Weg führt vom Wort zur sichtbaren Ge-
meinschaft. Das grausame Experiment Kaiser Fried-
richs II. (1212–1250) ist der Menschheit in Erinnerung
geblieben. Um die Ursprache zu finden, ließ er fünfzig
Säuglinge ohne Ansprache und Zuneigung aufwachsen.
Obwohl gut ernährt und gepflegt, starben alle binnen
Jahresfrist. Keine Sprache zeigte sich. Ohne Wort, das
Gemeinschaft stiftet, verkümmert die Lebendigkeit.
Ohne Gegenüber entfaltet sich das Leben nicht.

Ein Mensch, der etwas zu sagen hat, sammelt andere um
sich. Ein Politiker formuliert eine Botschaft. Sie kommt
an, Menschen sammeln sich bei Demonstrationen, lernen sich kennen, fühlen sich einander verbunden, übernehmen Verantwortung. Eine Psychologin hat eine
neuartige Begleitung entwickelt – wieder sammeln sich
Menschen und begegnen einander. Aus dem Wort entsteht eine Partei, ein therapeutisches Institut.

## Kirche: Tochter des Geistes – Frucht des Wortes

Auch im Christentum führt der erste Weg vom Geist
zur sichtbaren Gemeinschaft. Die Durchlässigkeit für
das Unsagbare lässt sich üben. Wo Menschen der drei-
fachen Gegenwart regelmäßig Achtsamkeit schenken,

scheint sie heller. Soll sie im Betrieb des Alltags nicht verschwinden, bedarf sie der Bildung und des regelmäßigen Trainings – und damit der Institution. Diese Einsicht ist heute mehrfach versperrt. Das neoliberale Menschenbild anerkennt Institutionen ungern. Weil es nur Einzelne im Kampf um persönlichen Gewinn sehen will, bietet es dem Engagement für gesellschaftliche und kulturelle Werte zu wenig Respekt, Wärme und Kontinuität. Hinzu kommt, dass eine schwere Führungskrise die religiöse Institution beschädigt. Der Zeitgenosse erwartet zu Recht ein wenig Leuchten als Wahrheitsausweis des unbedingten Anspruchs der Kirche, was leider nicht so leicht zu entdecken ist. So kommt es, dass man Religiosität am liebsten ganz privat und für sich allein verwirklicht. Durchdacht ist das nicht. Es ist nicht einzusehen, wie die Einzelne sich ohne Institution und prägende Form religiös entwickeln sollte. *Ein* Christ ist *kein* Christ!, wusste die alte Kirche. Ist der Weg nicht verstellt, führt er von der spirituellen Frage zur Institution.

Der andere Weg geht vom Wort aus. Er beginnt in der Begegnung mit dem Auferstandenen, der Zeugen sendet, die Apostel. Hinter deren Wort steht seine Autorität (Mt 28,18ff; 1 Kor 11,24f). Sie und nur sie haben die Vollmacht, die Frohe Botschaft so zu verkünden, dass sie allen das Maß setzt. *Das Evangelium, das ich verkündigt habe, stammt nicht von Menschen; ich habe es ja nicht von einem Menschen übernommen oder gelernt, sondern durch die Offenbarung Jesu Christi empfangen.* Die Sendung durch den Auferstandenen steht für sich; für Paulus bedarf sie nicht einmal der Bestätigung durch die anderen Zeugen der Auferstehung (Gal 1,11f). Die Zeugen treten als Person zurück und tun in verliehener Autorität, was sie aus eigener Kraft nicht tun können. Sie werden durchsichtig für eine größere Gegenwart. Um die Boten bildet sich eine Gemeinschaft. Ihr Zeugnis verbürgt die Botschaft und gebietet dem Zweifel Einhalt. Auch heute! Die Bibel steht in manchem Regal, ohne viel zu bewirken. Erst wo ein überzeugender Bote auftritt, findet die Hoffnung ein Gegenüber. In jedem Christenleben sind irgendwann Menschen aufgetreten, welche die Frohe Botschaft verkörperten. Das Wort von der Auferstehung gibt es nur im Mund – besser: in Gestalt – eines Jemand. Solche Boten sind nicht immer Amtsträger. Doch in den meisten christlichen Biografien spielen beauftragte Zeugen eine wichtige Rolle.

Warum ist ein Glaubensbote vertrauenswürdig? Viel liegt an seiner Kommunikation, seiner Menschlichkeit. Doch käme er sogar dem Genie nahe – alles hinge von einer Frage ab: Mit welchem Recht tritt er als Zeuge der Auferstehung auf, wenn er's doch nicht selbst gesehen hat? Aufgrund der Bibel? Dann müsste er begründen, warum er gerade ihr glaubt und nicht irgendeinem anderen Druckerzeugnis. Er könnte sagen, dieses Buch spreche mehr zu ihm als andere. Das kann gut sein – aber genügt das, um vertrauenswürdig Zeugnis von der Auferstehung zu geben? Die persönliche Überzeugung, auch die Begeisterung einer Gemeinschaft bleiben der Innenwelt zugehörig; sie erlauben keine Aussage über vergangene Ereignisse in der äußeren Welt. Die Christen verdanken ihren Auferstehungsglauben dem öffentlichen Zeugnis der einen Kirche. Der eine beauftragte Zeuge sendet den nächsten, durch die Jahrhunderte hindurch. Auch die reformatorischen Kirchen sind nicht aus spontaner Bibellektüre von Nichtchristen entstanden, sondern im Strom des kirchlichen Zeugnisses. Die Christen brauchen das Gegenüber, welches das Wort mit Vollmacht in Erinnerung ruft. Sonst müsste das Christentum im Mittelmaß versinken und am Gewicht seiner Vergangenheit ersticken. Denn die Erfahrung des Geistes und die Gemeinschaft bleiben hinter dem unbedingten Anspruch des Wortes immer zurück. Die Suche der Christen erweist sich als echt, indem sie das Gegenüber des gesandten Zeugen unbedingt anerkennt, auch in der menschlichen Beschränktheit seiner Träger.

Die Rolle der Zeugen lässt sich nicht in demokratische Mitverantwortung auflösen, aber gut mit ihr verbinden. Die Verantwortung einer geweihten Person schließt die aktive Beteiligung der Christen an Entscheidungen ein! Denn die Gemeinschaft entwickelt sich am besten, wenn die vielen Begabungen in Verantwortung genommen werden. Die Wahl von Amtsträgern durch die Christen steht nicht im Gegensatz zum Eigenstand des Zeugen. Die meisten Ordensoberen und der Papst werden ja gewählt. Auch einem vom Volk gewählten Diakon, Priester oder Bischof verleiht die Weihe jenen Eigenstand, der ihn zum glaubwürdigen Zeugen der Auferstehung macht.

## Kirche – Kommunikation

In der lebendigen Gemeinschaft treffen sich die beiden Bewegungen und teilen sich einander mit. Weder in der einsamen Sehnsucht noch im beziehungslosen Zeugnis ereignet sich die dreifache Gegenwart. Sie ist da, indem Wort und Geist je neu Kontakt finden. Ansätze dazu sind immer schon da und gar nicht zu vermeiden. Indem er Beziehung aufnimmt, öffnet sich ein Mensch dem Gegenüber, lässt sich los, findet sich. Es fließt etwas, Gemeinschaft entsteht und stellt sich sichtbar dar. Die Christen verstehen sich von dieser ursprünglichen

Erfahrung her. Das Wort Kirche ist – weit entfernt, leider, vom heutigen Sprachgebrauch – gleichbedeutend mit Kommunikation. Kirche ereignet sich, wo Menschen die ursprünglichste Erfahrung bejahen und gemeinsam vollziehen. Kommunikation ist zum Gelingen des Daseins notwendig, in je bewussteren Formen, je differenzierter sich der Mensch verwirklicht. Indem sich Kommunikation ereignet und verbindlich wird, erfährt sich der Mensch zugehörig, von Einsamkeit und Verlassenheit erlöst, mit Gott verbunden.

Die sichtbare Kirche ist das lebendige Zeugnis von der Auferstehung. Von Jesus her kommt nur die Botschaft. Erst indem die Botschaft mit dem Geist zusammenwirkt, bildet sie Kirche. Hier trifft das gute Wort die innerste Sehnsucht und richtet sie auf. So findet die Erfahrung, die alle trägt, den tiefsten und klarsten Ausdruck. Dem Wir der Erlösten, das sich nicht in lauter Ichs auflösen lässt, gibt die Institution Form. Zugleich reicht die Kirche viel weiter als die Auferstehungsbotschaft. Weniger ausdrückliche Formen menschlicher Verbundenheit in Gemeinschaft und Institution deuten an, bereiten vor, gehören bleibend dazu. Der Bund mit Noah (Gen 9) schließt im Zeichen des Regenbogens alle Menschen ein; der Segen über Abraham (Gen 12) verbindet bis heute alle, die an einen einzigen Gott glauben. Vor Christus sind alle Menschen eingeschlossen, ohne dass sie sich hätten zur Auferstehung bekennen können. Dieselbe Verbundenheit gilt den Nichtchristen. Wo immer sich Gemeinschaft und gesellschaftliche Verantwortung ereignen, stehen Menschen in dem Geheimnis, das die Christen Kirche nennen. Es ist ursprünglicher als Worte, Taten und Geschichte der Christen.

Die Kirche ist, wie jede Gemeinschaft, in Entwicklung.

Für neue Gegebenheiten soll sie neue Formen entwickeln. Wissen die Christen heute, was morgen Kirche sein wird? Sie ereignet sich je neu zwischen Sehnsucht der Zeit und gutem Wort. Der Geist zeigt sich jeweils im Neuen, Unbekannten, den Zeichen der Zeit. Er lehrt Christus neu zu sehen. Das Christentum gleicht einer tönernen Vase, die einen kostbaren Schatz birgt: den Geist. Er macht die Vase jung, er gestaltet sie immer wieder neu.[34] Ton: das sind Sprache, Ritual und Institution. Die Kirche ist kein Gebäude, das zu bewahren oder zu verteidigen wäre. Die Christen sind ein wanderndes Volk. Der Wandel trifft sie nicht von außen, sie sind selbst Sauerteig (Mt 13,33), Dynamik, die verwandelt.

Zur Gemeinschaft gehört der Konflikt. Die Kunst besteht nicht darin, den Streit zu überspielen, sondern sich zu *kon-frontieren*, von Angesicht zu Angesicht. Einheit ist nie einfach gegeben. Aber sie kann sich ereignen im gemeinsamen Anerkennen und Bearbeiten des Schwierigen. Die alten Christen haben miteinander gestritten, aber sie haben auch miteinander gebetet und Mahl gehalten. Der Glaube an die Einheit fand seinen Ausdruck in der gegenseitigen Anerkennung der führenden Bischöfe und theologischen Zentren. Sie verhandelten miteinander. Immer wieder kamen sie zu einem gemeinsamen Bekenntnis, das auf die Fragen der Zeit antwortete. Meist um den Preis von Abspaltungen: immer gibt es Christen, die ihre Extrempositionen mit der vielfarbigen Gegenwart Gottes verwechseln. Auch denen, die schon Christen sind, gilt der Ruf Jesu: *Denkt um und glaubt ...* (Mk 1,15).

## Vertraut die Kirche dem Geist?

Wichtiger als Worte sind Taten (GÜ 230). Eine gute Lehre leuchtet nicht, wenn im Alltag andere Erfahrungen das Klima bestimmen. Nur als lebendige Gestalt überzeugt das Christentum. Aus der Gottunmittelbarkeit jedes Christen ergibt sich eine legitime Kritik an der Kirche. Die Liebe zu ihr hat ihre Grenze an der Liebe zu Gott selbst. »Alle Liebe zur Amtskirche wäre Götzendienst, Teilnahme an einem schrecklichen Egoismus eines Systems für sich selbst, wenn sie nicht von diesem Willen (der Liebe zu Gott, T.P.) beseelt und von ihm begrenzt würde.«[35] Leuchtet aus der sichtbaren Kirche der Glaube an *Gott in mir?*

Die katholische Kirche verbarrikadiert sich heute in schlimmen Missständen. Frauen sind von fast allen Führungspositionen ausgeschlossen; die schwachen Argumente dafür verbergen die autoritäre Machtausübung nur dürftig. Das Kirchenrecht sieht keinerlei Mitwirkung der Gläubigen an wichtigen Sach- und Personalentscheidungen vor; die Macht ist bei den Priestern konzentriert. Seien sie so rückwärtsgewandt, verklemmt und kommunikationsunfähig, wie sie wollen. Wenn sie sich nur mit der klerikalen Ideologie identifizieren! Dann machen sie Karriere. Wie antwortet eine steckengebliebene Ökumene auf die Sehnsucht einer Zeit, deren Lösungen im Horizont der Globalisierung bestehen müssen? Wie viel Vertrauen verdient eine Institution, die ihre Kader so bildet, dass ihr Sehnen nach Nähe und Lust zu oft keine menschliche Form findet – so dass es immer wieder verletzt und beschädigt, andere und sich selbst? Offenbar hängen die Regeln, welche der Vatikan für die Sexualität fordert, in der Luft, weil es an Zuhören und Einfühlung fehlt. Sie nehmen Mann und Frau

und damit den Menschen selbst nur vage und bruch-
stückhaft wahr. Erzählt das alles vom Vertrauen in den
Gottesgeist, der erfahrbar in allen Gläubigen und in der
Geschichte anwesend ist? Er zeigt sich nach verbindli-
cher katholischer Lehre in den Menschenrechten: Papst
Johannes XXIII. hat sie ausdrücklich Zeichen der Zeit
genannt und die meisten für die Kirche übernommen.
Das geltende Kirchenrecht ignoriert diesen Rechtsakt.
Der Glaube an den Geist ist unglaubwürdig, wenn er
nicht Schutz- und Mitbestimmungsrechte jedes Katholiken gegenüber der Hierarchie eindeutig festlegt und
durchhält.

Das Problem ist weniger, dass die sichtbare Kirche in Widerspruch zur Gesellschaft gerät – es gibt Zeiten, in denen das nötig ist. Hier greift die Kritik Hans Küngs und
der Kirchenvolksbewegung zu kurz. Die Kirche muss
sich nicht schon deshalb ändern, weil sie von der liberalen Entwicklung überholt scheint. Nach dem Ende der
Ideologien wirkt es etwas albern, wenn fortschrittliche
Christen der klerikalen eine liberale Ideologie entgegenstellen. Ja, es ist etwas wahr an der (oft genug wie-
derholten) Antwort der Amtskirche, die Kirche sei keine
Demokratie. Und ja, die Sendung durch den Auferstandenen begründet einen absoluten Anspruch der Priester.
Aber der Wille Gottes erscheint erst in hörender und
einfühlender Kommunikation mit den Christen, den
Trägern des Geistes. Die Kirche verliert ihren Sinn, wenn
sie nicht auf den Geist hört. Der Reformstau ist schlimm,
weil er den Geist daran hindert, durch die Kirche zu
leuchten. Bitter fehlt uns ein Ethos der Machtausübung,
das tätig an den Heiligen Geist in allen Christen glaubt
und sich deshalb von vornherein vom Dialog her versteht. Nur so kann es verbinden. Nur so wirkt es nicht
spaltend. Nur so entgeht es der Sinnlosigkeit.

Zugleich gilt es ein Ethos der Kritik an den Verantwortlichen zu entwickeln, das auf gegenseitiges Hören
setzt. Es ist noch ganz unklar, in welchem Maß eine solche Kritik öffentlich sein soll.[36] Natürlich ist es besser,
wenn man unter vier Augen, im kleinen Kreis offen
spricht, ohne den Druck der Öffentlichkeit (GÜ 362).
Aber die paternalistische Vorstellung, ein Christ solle
einzeln zum Hirten gehen und ihm seine Bedenken
vortragen, genügt nicht; und die Laienräte sind zu abhängig vom guten Willen der Amtsträger. Johannes
Paul II. hat das Papsttum und seine Positionen in uner-
hörtem Maß in den Medien präsent gemacht, in der
Hoffnung, so die Frohe Botschaft zu verbreiten. Dass
die Botschaft nur im offenen Dialog leuchtet, sah er weniger. Auf kritische Presse reagieren viele Amtsträger
gekränkt; Medienschelte ist nicht selten, obwohl die
Kirchenleitung die Medien zugleich intensiv nutzt. Die
beiden Haltungen passen nicht zusammen. Sie offenba-
ren, einmal mehr, das gebrochene Verhältnis zur liberalen Gesellschaft, deren Möglichkeiten (Versammlungs-,
Vereins- und Pressefreiheit) die Kirche seit dem 19.
Jahrhundert umfassend nutzt – und zugleich den mit ihr
einhergehenden Pluralismus verurteilt.

Das Ergebnis ist, dass das Image der Christen heute zu
90 Prozent bestimmt ist von Bildern aus Rom und von
römischen Positionen, die Funktionäre eins zu eins
nachbeten. Als langjähriger Jugend- und Studierenden-
seelsorger weiß und erfahre ich, dass nichts, bei weitem
nichts, die Weitergabe der Frohen Botschaft so behin-
dert wie dieses peinliche Image. Der blinde Leistungs-
glaube des Bildungssystems und, darauf reagierend, ein
gewisser Hedonismus der Jugend sind weit schwächere
Gegner. Setzt sich eine katholische Hochschulseelsor-
ge nicht öffentlich von manchen römischen Positionen

ab, hat sie beim größten Teil der Studierenden, besonders bei den Wachsten und Suchenden, keine Chance. Es gibt unter uns Katholiken eine weitreichende Erfahrung von Scham, Sinnlosigkeit und Resignation, auf die unsere Bischöfe endlich, endlich zu hören lernen sollen. Dann erst übernehmen sie Verantwortung für das Wohl der Christen, die keine Schafe mehr sind. Dann können sie in Rom für die Sorgen und die Spiritualität ihrer Ortskirche eintreten. Wie soll der Vatikan wissen, wo den Christen der Schuh drückt, wenn deren Bischöfe diese Aufgabe nicht mit Leidenschaft ernst nehmen? Wenn sie (was ihre Pflicht ist) römische Positionen öffentlich gegenüber der Ortskirche verteidigen, ist es recht, dass sie auch deren Anliegen gegenüber Rom öffentlich vorbringen. Sonst nimmt eine politisch gebildete Gesellschaft sie nicht als eigenständige Akteure wahr. Hier sind viele Fragen ganz ungeklärt. Mehr als überfällig ist, zu einem Konsens über den Dialog als solchen zu finden. Es reicht nicht, wenn Bischöfe einen Dialogprozess organisieren, in dem sie Herr des Verfahrens bleiben. Ignatius sieht für den Fall eines unlösbaren Konflikts zwischen einem Jesuiten und seinem Oberen ein einvernehmlich besetztes Schiedsgericht vor.[37]

Die katholische Kirche, darüber besteht von links bis rechts Konsens, befindet sich in einer der schwersten Krisen ihrer Geschichte. Das Ansehen der Kirche bei der Jugend ist beschädigt; ein kirchlicher Beruf kommt für die meisten nicht mehr in Frage. Die Zeiten, in denen eine Elite in die Theologie ging, sind vorbei. Diese existenzbedrohenden Fakten treffen die Kirche zu Recht. Ja, hinter der Kirchenkrise steht eine Gotteskrise. Aber ihr Kern ist nicht die angebliche Gottlosigkeit unserer Zeit. Nein, der Balken steckt im eignen Auge:

Die Gotteskrise ist eine Krise des Glaubens der Kirche, besonders ihrer Führung, an den Heiligen Geist. Diese Kirche gibt – anders als Ignatius und die Jesuiten[38] – nicht erkennbar Zeugnis vom *Gott in mir*. Sie leuchtet nicht.

Mt 16,18ff verheißt der Kirche (nicht dem Petrus!), sie werde nicht untergehen. Sie wird die Krise überstehen in der Kraft des Geistes und in der Treue zur Frohen Botschaft. Die beiden Hände des Vaters führen sie; sie muss sich nicht am eigenen Schopf aus dem Sumpf ziehen. So dunkel die Entwicklung aussieht: Gläubige und Priester dürfen ihr gemeinsam vertrauen. Es braucht eben Geduld, um katholisch zu bleiben. Und etwas Humor.

# 5. Spiritueller Meister der Neuzeit

Schon auf den ersten Blick ist Ignatius ein neuzeitlicher Mensch. Seine Schriften und zahllosen Briefe, die detaillierten Zeugnisse seiner Mitbrüder, die Akten des Heiligsprechungsprozesses sind sehr gut erhalten und zeichnen ein individuelles Bild des Mannes aus Loyola mit historischer Klarheit und Schärfe. Nach seinem Tod wurde er sogleich obduziert, um die Herkunft seiner häufigen Bauchkrämpfe zu erfahren: Eine Welt, deren Funktionieren uns Heutigen intuitiv einleuchtet, mehr als die Spuren eines Franziskus in ihren stärker bildlichen und legendarischen Zügen. Im Licht der biblischen und kirchlichen Lehre vom Geist tritt Ignatius uns als Spiritual der Neuzeit entgegen. Zu seiner Zeit nahm er die anonyme Gegenwart des Gottesgeistes wahr, gab ihr Form und verschaffte ihr dauerhafte Anerkennung.

## Leere – und spirituelles Potential

Ein Krüppel. Für immer herausgefallen aus der Welt der ritterlichen Heldentaten. Auf dem Krankenbett mit sich allein. Monatelang. Der stolze Edelmann, versetzt in die neuzeitliche Einsamkeit und Leere des Ich. Wie zufällig, mehr intuitiv als bewusst, aus schierer Langeweile, fernab jeder theologischen Bildung, erfasst er das spirituelle Potential der neuen Zeit. Oder erfasst es ihn? Namenlos liegt es in der Luft. Er verweilt in Gedanken, »im Gespräch mit sich selbst«[39]. Während Ignatius 1521 in Manresa zu seiner Spiritualität findet, behauptet sich Martin Luther, nur auf sein Gewissen und die Heilige

Schrift gestützt, gegen Kaiser und Papst. Auch Johannes vom Kreuz und Teresa vertrauen der erwachenden Subjektivität, mehr in ihrer Haltung als in ihrer ausdrücklichen Lehre. Nicht aufgrund von Argumenten, sondern aus ursprünglicher Intuition. Die Exerzitien setzen ohne weitere Begründung ein Subjekt voraus, das auf der Höhe ist, den Willen Gottes im individuellen Innenraum zu erkennen und zu befolgen: selbständig, ohne autoritäre Führung. »Niemand kann so gut die eigenen Leiden zu verstehen geben wie die Person selbst, die sie erleidet« (BU 7). Achtsamkeit für das Subjekt, seine Eigenart, seinen Zustand; die Erfahrung, dass dieses Wahrnehmen Sinn hat und leben hilft: *das* Zeichen der Zeit anfangs des 16. Jahrhunderts. Warum gerade damals? Der Geist weht, wo er will …

Natürlich, es gibt Fragen, Zweifel, nur allzu berechtigt: Ist es gut, dem abgründigen und gewaltanfälligen Wesen Mensch so zu vertrauen? Wenn keine feste Ordnung sein Leben mäßigt und kontrolliert? Gegen dies jesuitische Vertrauen werden bald jansenistische Kräfte die Unterordnung aller unter eindeutige Regeln verlangen. Was soll die Menschen denn zusammenhalten, wenn jeder seine Wahrheit hat? Muss eine subjektive Wahrheit nicht den Zusammenhalt der Kirche zerstören, indem sie die objektive Wahrheit relativiert, die alle verbindet? So fragte Melchior Cano, einer der besten Dominikanertheologen dieser Zeit, ein durchaus weltoffener Mann. Und was wird aus dem Studium der objektiven Wahrheit? Letzteren Einwand entkräftete Ignatius, indem er sich und die Seinen dem Studium unterzog, die alte Kultur in seine aufnahm. Mit anderen Einwänden ist die Kirche bis heute nicht fertig. Sie laufen auf eine einzige Frage hinaus: Gibt es eine Kraft, die den Menschen von innen her zum Guten fähig und willens macht, nicht nur momentweise, sondern auf Dauer? Lässt sich für diese Kraft eine Form finden, so dass sie in den vielen Kräften und Einflüssen die Oberhand behält? Und führt diese Kraft die Menschen, die Christen zusammen, oder führt sie zur Auflösung des Zusammenhalts? Kurz: Wie konkret darf ein Christ, darf die Kirche dem *Gott in mir* vertrauen?

Ignatius wird aufmerksam für die Regungen und Zustände seiner inneren Welt. Er beginnt sie kennenzulernen, lernt Unterschiede zu machen. Er lässt sich auf die spätmittelalterliche Gebetskultur ein – doch nicht so, dass er sich einfach mit der frommen Welt identifizierte. Er liest von einem eigenen Standpunkt her, nimmt wahr, wie es ihm mit der Lektüre geht. Er vergleicht mit der Wirkung der Ritterromane. Beten heißt ihm nicht Eintauchen in ein gemeinschaftliches Geheimnis. Die traditionellen Formen des geistlichen Lebens setzt er als Spiegel seiner Seele ein. Er reflektiert ihre Wirkung und bewertet, ob sie mehr oder weniger nützen. Sein Beten findet nicht mehr im Chor, sondern im Innenraum der Seele statt.

Eine konsequente Reihe von Schritten folgt nicht der Konvention. Immer wieder ringt er um Anerkennung. Unter Einsatz einer ganzen Lebensgeschichte wird aus der intuitiven Einsicht eine Gestalt, welche die kirchlichen Verantwortlichen verstehen und annehmen. Jahr um Jahr des Dialogs, des Ausräumens von Missverständnissen, der Verfeinerung und Anpassung. Acht Prozesse vor der Inquisition … 20 Jahre vergehen, bis Paul III. die junge Gemeinschaft als Orden anerkennt.

## Spüren und Beten

Wie also lehrt Ignatius beten? Seine »Geistlichen Übungen, um über sich selbst zu siegen und sein Leben zu ordnen, ohne sich durch irgendeine Anhänglichkeit bestimmen zu lassen, die ungeordnet ist« (GÜ 21), wagen, die eigenen Wünsche und Sehnsüchte anzuschauen. Gezielte Übungen leiten an, sie im Spiegel der Höllendrohung und des Lebens Jesu zu erkennen und zu bewerten. Für bloße Gedanken interessiert sich Ignatius wenig. Er weiß, wie willig sie Wunsch und Sehnsucht zu Diensten sind. Fromme Worte bedeuten eben nicht die ewige Wahrheit. Ihrer kann sich auch der zweideutige, ja üble Wunsch bedienen. Die Relativierung der objektiven, in Worten greifbaren Wahrheit ist weder ein neues noch ein atheistisches Phänomen.

Wie erkennt man Wünsche? Indem man ihnen Raum gibt. *Ich bitte um das, was ich (so sehr) begehre und wünsche.* Wie ein Refrain durchzieht dieser Satz die Exerzitien. Erst wo in die Wünsche Ordnung kommt, beginnt einer wirklich zu beten, nicht nur seine Außenseite. Einem Brief seines Schülers Borja antwortend: »Ich habe mich mehr als sehr gefreut, darin Dinge zu verspüren, die mehr der Erfahrung und dem inneren Gespräch entnommen sind als anderswoher« (BU 101). Weit von Freuds *Wo Es war, soll Ich werden* ist das nicht.

P. Câmara berichtet, Ignatius habe oft gesagt, »dass von hundert sehr dem Gebet hingegebenen Personen um neunzig einer Täuschung verfallen sein dürften ..., obwohl ich unsicher bin, ob er nicht ›um neunundneunzig‹ gesagt hat«. Fast alle, die sich langen Gebeten und Bußen widmeten, kämen zu großen Nachteilen; meist würden sie starrsinnig (Me 196. 256; BU 686aF). Ignatius macht einen Unterschied zwischen zwei Formen des Betens, einer verbreiteten und einer anderen. Meint einer, er bete schon, weil er regelmäßig äußere Formen pflegt, das Brevier, die Liturgie? Das wäre eine Täuschung, wenn er dabei nicht zum eigenen Verkosten, zum inneren Schmecken gelangt. Nur dann führt das Gebet zu dem inneren Wachstum, auf das es ankommt. In den Übungen erkennt man »die Sünden und ihre Bosheit innerlicher als in der Zeit, in der sich der Mensch nicht so den innerlichen Dingen hingab«. Und da »man jetzt mehr Erkenntnis und Schmerz über sie erreicht, wird man größeren Nutzen und Verdienst haben, als man vorher gehabt hätte« (GÜ 44b). Neuzeitlicher Geist: bewusste Selbstwahrnehmung, Streben nach Effizienz. Und Fortschrittsglaube: Ignatius nimmt das Leben als sein eigenes in die Hand und möchte es entwickeln.

Der die Exerzitien gibt, soll eine Szene aus dem Leben Jesu der Schrift getreu erzählen, die Punkte der Betrachtung durchgehen, immer nur knapp: Denn wenn der Übende »das wirkliche Fundament der Geschichte nimmt, selbständig durchgeht und bedenkt und etwas findet, was die Geschichte ein wenig mehr erläutern oder verspüren lässt – sei es durch das eigene Nachdenken oder sei es, insofern der Verstand durch die göttliche Kraft erleuchtet wird –, so ist es von mehr Geschmack und geistlicher Frucht, als wenn der, der die Übungen gibt, den Sinn der Geschichte viel erläutert und erweitert hätte. Denn nicht das viele Wissen sättigt und befriedigt die Seele, sondern das Innerlich-die-Dinge-Verspüren-und-Schmecken« (GÜ 2). An diesem Credo hält Ignatius auch nach acht Jahren Studium fest. Nie deutet er an, dass das Studium ihm irgendeinen Trost vermittelt hätte.

Es gibt etwas hinter dem Text, »das wirkliche Fundament«. Nur die eigene Begegnung des Suchenden mit Jesus findet es. Es lässt sich nicht in eine allen zugängliche Objektivität verwandeln. Ja, die Evangelien sind inspiriertes Wort Gottes. Aber auch der Übende ist inspiriert! Ignatius setzt die Bibel nicht als Argument für eine objektive Wahrheit ein, sondern als Spiegel, als Katalysator der Selbsterkenntnis. Die träumerische Phantasie hilft, indem sie den Text schöpferisch weiterspinnt: Man soll sich die Szene recht bildlich vorstellen, die Personen vor sein inneres Auge treten lassen, soll »hören, was sie sprechen oder sprechen können; und indem man sich auf sich selbst zurückbesinnt, irgendeinen Nutzen daraus ziehen« (GÜ 123). Eine Phantasieübung nennt man so etwas heute, eine Traumreise. Wozu? Ganz vage heißt es: irgendein Nutzen. Platzhalter einer Erfahrung, die von innen entgegenkommt. Ignatius weiß nicht, was der Suchende finden soll. Selbst soll er's spüren! Es gibt nur das Kriterium, es solle Trost und Geschmack am Leben bedeuten: erfahrbar aufrichten, in sich selbst Boden finden lassen, festigen, heilen.

Aber – ist nicht die mystische Versenkung viel älter, in welcher der Mensch mit Gott eins wird und alle Grenzen ihre Bedeutung verlieren? Kennen sie nicht schon die griechischen Väter, spricht nicht schon Paulus vom *Christus in mir*? Gewiss! Dass die Hand des Unbegreiflichen den Menschen von innen berührt und ergreift, bis hin zu Erfahrungen von Einheit, für die es keine Worte gibt – das ist nicht neu. Doch die Exerzitien stehen nicht für eine elitäre Mystik, die nur fortgeschrittenen Betern zugänglich wäre.[40] Ignatius gibt sie oft Anfängern und jungen Menschen auf der Suche nach ihrer Lebensform. Neu ist, dass diese Einführung ins geistliche Leben nicht lehrt, von sich abzusehen zugunsten einer gegebenen Liturgie, einzutreten in eine vorgezeichnete Stufenleiter der Demut. Ignatius lehrt: selbst spüren, selbst Verantwortung übernehmen. Und er lehrt es vielen, überwiegend Laien, nicht nur einigen hochbegabten Nonnen und Mönchen. Die Exerzitien stehen nicht für mystische Versenkung, sondern für ein Beten, das Phantasie und Sehnsucht aktiv einbezieht.

## Gottunmittelbar – und kirchlich

In den Exerzitien begegnet der Einzelne Gottes Willen unmittelbar. Ohne dass ein Priester ihn vermitteln müsste! Ignatius gab die Exerzitien ja lange vor seiner Weihe. Er hilft nur gehen, auf das Ziel nimmt er keinen Einfluss. Wie – sollte man eine mögliche Entscheidung für den Eintritt in einen Orden nicht fördern? Bestimmt nicht! Denn es ist »beim Suchen des göttlichen Willens viel besser, dass der Herr sich selber der Seele mitteilt, indem er sie zu seiner Liebe und seinem Lobpreis umfängt und sie auf den Weg einstellt, auf dem sie ihm besser wird dienen können. Der die Übungen gibt, soll sich also weder zu der einen Seite wenden oder hinneigen noch zu der anderen, sondern in der Mitte stehend wie eine Waage unmittelbar den Schöpfer mit dem Geschöpf wirken lassen und das Geschöpf mit seinem Schöpfer.«[41] Die Kirche, welche die Ordensberufung damals höher schätzte als die Ehe, tritt hinter die Begegnung des Subjekts mit seinem Schöpfer zurück. Hier zeigt sich eine Festigung im Subjektiven, eine Eigenständigkeit gegenüber dem Zeugnis von Schrift und Kirche. Nicht unabhängig von ihnen; diese Subjektivität formt sich ja unter stetem Lesen von Heiligenbiografien. Häufig beichtet er und feiert die Messe mit. Ignatius neigt nicht dazu, sich gegenüber der Kirche abzugrenzen. Aber es ist eben doch eine Emanzipation,

74

eine innere Freiheit, in der die innere Erfahrung das letzte Wort hat, nicht die objektive Wahrheit, nicht die kirchliche Autorität.

Es ist nur auf den ersten Blick paradox: Diese Unmittelbarkeit macht kirchlich. Denn der Betende erkennt in der Kirche den Geist wieder, der ihn leitet. In dieser Reihenfolge! Die unmittelbare Erfahrung, vom Tröstergeist geführt zu werden, eröffnet das Vertrauen zur Kirche; nicht die Autorität Jesu, der die Kirche eingesetzt hat, lehrt an den Heiligen Geist glauben (GÜ 365). Das Vertrauen zum Geist lehrt, dem Glauben der Gemeinschaft zu folgen, auch in dem, was der eigenen Wahrnehmung widerspricht. So kann man den Glaubenssätzen, die sie definiert, vertrauen.

Wenn an dieser Stelle ein persönliches Wort erlaubt ist – dem suchenden Jugendlichen ließ die Begegnung mit Jesuiten immer wieder einen eigentümlichen Eindruck von Ungreifbarkeit, von Freiheit, einem Raum jenseits der sozialen Rolle zurück. Faszinierend, rätselhaft, aber auch wütend machend, weil sich zu diesem anderen Raum, zu dieser Überlegenheit kein Zugang öffnete. Auf Nachfrage, auf lesende Auseinandersetzung zeigten sich Gedanken, viele komplizierte Gedanken – aber nicht das emotionale Verständnis, die weitherzige Einfühlung, die der junge Mensch in diesem Raum vermutete, suchte und schließlich ganz woanders, bei den Münsterschwarzacher Benediktinern, fand. Diese Erlebnisqualität spiegelt die radikal individuelle Gotteserfahrung der Jesuiten, in deren Geschichte Faszination und Nichtverstehen, Hingabe und wütende Anfeindung häufig auftraten.

Die Visionen in Manresa gaben Ignatius »immer solche Bestätigung für den Glauben, dass er oft bei sich gedacht hat: wenn es keine Schrift gäbe, die uns in diesen Dingen des Glaubens unterrichtete, würde er für sie zu sterben sich entschließen, nur um dessentwillen, was er gesehen hat« (BP 29). Laynez und Polanco bezeugen ein noch weitergehendes Wort: Für den unmöglichen Fall, dass die Schriften und die anderen Dokumente des Glaubens verlorengingen, würde ihm für den gesamten Bereich des ewigen Heils die Kenntnis der Dinge genügen, die Gott ihm in Manresa mitgeteilt und eingeprägt habe.[42] Der Name der Gesellschaft Jesu geht unmittelbar auf die Vision von La Storta zurück: »Als mich der Vater dem Sohn beigesellte«, notiert Ignatius[43]: Die innere Wirklichkeit ist das Entscheidende. Ob sie sich beweisen, objektivieren lässt, spielt gar keine Rolle. Die Konstitutionen des Ordens begründet Ignatius mit der Erfahrung des Willens Gottes in Visionen und Tröstungen. Eine biblische oder dogmatische Begründung versucht er gar nicht erst. Die Nachfolgenden zweifeln nicht daran, dass der Heilige Geist Ignatius die Konstitutionen eingegeben hat (Me 272).

Innere Gotteserfahrung, stärker als Schrift, Liturgie, kirchliche Lehre! Gefährliche, sehr gefährliche Überzeugung! Nur ein ganz kleiner Schritt trennt vom Kreisen und Versinken in sich selbst. Zum Vertrauen in die Innenwelt gehört die Gegenbewegung, die den anderen stark macht: der Gehorsam. Mag der Papstgehorsam auch Taktik sein, um kirchliche Anerkennung zu erhalten und den inneren Raum der Exerzitien zu schützen! Viel wichtiger ist, dass er den Absturz ins Phantastische, den Verlust des anderen vermeidet. Man muss nicht Nietzsche vor Augen haben, um die Gefahr zu spüren. Luthers Berufung auf sein Gewissen bewahrte nur zur Bibel eine Beziehung, die Grenzen setzt und mit der Außenwelt vermittelt. Schon 1525 drohen die Bauernaufstände zu einem Bürgerkrieg zu führen, in dem sich jeder auf sein Gewissen berufen würde. Angesichts des blanken Chaos muss Luther die Orientierung am Gewissen aufgeben und den Gehorsam gegenüber den Landesfürsten predigen. Die Bibel allein vermag das Zeugnis des Gewissens, vermag die Erfahrung des Geistes nicht zu schützen. Darum ist bei den Jesuiten der Gehorsam das erste Gelübde, wichtiger als Keuschheit und Armut, durch das vierte Gelübde des Papstgehorsams nochmals verstärkt. Gerade in seiner Radikalität ist er ein inneres Moment der konsequenten Achtsamkeit für die innere Welt. Weil er für die junge Gemeinschaft schlicht lebensnotwendig ist, bar jeder Sicherung gegen möglichen Missbrauch, macht er sie verletzlich.

## Blinde Flecken

Die Erfahrung des Geistes, selbst die Heiligkeit ist ein menschliches Phänomen und darum nie ohne Schatten, bleibend angewiesen auf das Lernen im geschwisterlichen Dialog. Die Geschichte zeigt, dass starke innere Erfahrungen Menschen für tiefe Werte, für schwarz und weiß sensibel machen. Aber nicht für die Graustufen der politischen Welt. Propheten taugen nicht zu Diplomaten. Aber sie brauchen Diplomaten, die ihre Botschaft aufnehmen und mit der Weite und Trägheit der Institution versöhnen – wie Innozenz III. Franziskus annahm.

So raffiniert es anmutet: Das kirchenpolitische Engagement des Ignatius weist erhebliche blinde Flecken auf. In der Verwirrung der Kirchenspaltung führt der Gehorsam zur kompromisslosen Identifikation mit der »streitenden Kirche« (GÜ 352), mit der Konfession – und verliert den Geist aus den Augen. Dass die Päpste die

Hingabe der Jesuiten ohne erkennbare Skrupel für ihre Machtpolitik missbrauchten, gehört zur Tragik der Geschichte. 1540 hatte Paul III. die Jesuiten mit der *Verbreitung* des Glaubens beauftragt. 1550 änderte Julius III. den Auftrag in *Verteidigung und Verbreitung*. Jesuiten sollten den Protestantismus mit aller Kraft bekämpfen, ohne das Gespräch zu suchen. Ignatius hat selbst härtesten staatlichen Zwang empfohlen; er führt als Beweis für seine Rechtgläubigkeit an, dass er nie mit Lutheranern gesprochen, nie sie kennengelernt habe (BU 4709. 81). P. Faber wünschte sehnlich, mit Melanchthon zu sprechen, allein, er hielt sich an die entsprechenden Verbote. Mit dem Ergebnis, dass der Sinn, das theologische Recht des lutherischen Umgangs mit der Angst und damit der Reformation den Jesuiten für Jahrhunderte verdeckt blieb.[44] Sie wollten nur Missstände im katholischen Klerus sehen, die durch Disziplin und Bildung zu beheben waren. Immer Arbeit am Eigenen, nach dem Muster der Exerzitien – aber wenig Sinn für die eigenständige Gegenseitigkeit des Politischen. Um die Welt zu reformieren, würde es genügen, dass der Papst seine Person, seinen Hof und die Stadt Rom reformierte (Me 94): So wertvoll das gewesen wäre – die entscheidende Aufgabe war damals das Gespräch mit den Lutheranern. Manchmal »ist es notwendig, mehr auf das Subjekt des anderen als auf mein eigenes Verlangen zu schauen« (BU 7): Dem Seelenführer Ignatius ist das klarer als dem Politiker.

P. Câmara berichtet von einem spannenden Fall. Ein junger deutscher Jesuit, der eben in Wien sein Studium abgeschlossen hatte, vertrat die Auffassung, Gott habe ihm den Geist des heiligen Paulus mitgeteilt. Des sei er ganz gewiss. Dieser Geist sei nicht geringer als derjenige des Petrus, von dem sich der jesuitische Gehorsam ableite; darum sei er nicht zum Gehorsam verpflichtet. Sein Oberer weiß sich nicht zu helfen und schickt ihn nach Rom. Ignatius ruft sechs Patres zusammen, um mit ihm zu diskutieren. Der Deutsche findet auf mehreren Ebenen Gehör, er darf seinen Standpunkt darlegen. Die Berufung auf den Geist ist nicht tabu. Die Oberen bemühen sich um ihn. Er spricht ganz ruhig, in sehr gutem Latein; er argumentiert ausgezeichnet, gleich was sie ihn fragen. Gegenüber allen Einwänden kommt er immer wieder auf seine Gewissheit zurück. Die Patres sind sich einig: Er kann nicht Jesuit bleiben. Ignatius entlässt ihn (Me 283). Natürlich: Es geht nicht an, die eine Hand des Vaters absolut zu setzen. Die Gewissheit, vom Geist berührt zu sein, ist kein Argument gegen den Gehorsam, wiewohl das Gewissen ihn im Einzelfall verweigern darf. Aber es ist schade, dass aus der Berufung auf den Geist ein »sehr übles Prinzip« wird. Der junge Deutsche war offensichtlich kein Wirrkopf; er hatte Luther klug, differenziert und mit Distanz rezipiert. Hier bot sich die Möglichkeit, die subjektive und die objektive Erfahrung Gottes nicht als Frage der Macht oder der Disziplin, sondern der Theologie anzugehen. War die Zeit nicht reif für eine ausdrückliche Theologie des Geistes?

Auch Luther hatte, in Begegnung mit der Schrift, eigenständig zu schmecken begonnen. Auch er weigerte sich, seinen von innen her, im subjektiven Erleben begründeten Glauben Theorien unterzuordnen, die nur im Kopf stattfinden. Die Scheuklappen des blinden Gehorsams verhinderten, dass Ignatius und seinen Gefährten die Seelenverwandtschaft aufging.[45] Eine Katastrophe: Wie viel Elend sollten die Konfessionskriege über die Christen bringen! Die Abstumpfung traf auch den Orden selbst. Die Hingabe an den Kampf gegen den

Protestantismus, einschließlich der Bereitschaft, Gewalt zu unterstützen, lässt die ursprüngliche Erfahrung des Trostes in den Hintergrund treten. Schon Ignatius selbst hält hier das Niveau seiner ursprünglichen Erfahrungen nicht. Sein persönlichstes Zeugnis, den Pilgerbericht, sollte der gegenreformatorische Orden für Jahrhunderte völlig vergessen und erst im 20. Jahrhundert wiederentdecken.

## Neuzeitlicher Zeuge des Geistes

Ignatius lässt den Jesuiten aus der Statik fester Klöster hinaustreten, seinen Tag aus dem Chorgebet, seine Gestalt aus dem Ordensgewand. In den Exerzitien innerlicher aufgesucht, findet seine Identität tieferen Halt, jenseits der traditionellen Formen. Ignatius nimmt den Geist der Neuzeit auf, tauft ihn und nimmt ihn für die Frohe Botschaft in Dienst. Ist also, ja oder nein, das neuzeitliche Wachstum der Freiheit, die Wende in die subjektive Welt, die unerhörte Steigerung des menschlichen Wirkungskreises durch methodisches Vorgehen ein Zeichen der Zeit, getragen und gewollt vom Gottesgeist selbst? Dann ist Ignatius der wichtigste katholische Prophet der Versöhnung von Neuzeit und Christentum. Er zeigt, dass und wie das neuzeitliche Subjekt, die Vielfalt der Standpunkte und ein dialogischer Geist der Taufe fähig sind. Damit ist die misstrauische Vorsicht widerlegt, die sich gegen jede Relativierung jener objektiven Wahrheit zur Wehr setzt, die sie in der eigenen Sprache zu besitzen glaubt. Die Frage nach dem Geist bei Ignatius führt vor eine Entscheidung, vor der ein Christ heute ja oder nein sagen muss. Glaubst du ausdrücklich und tätig an den Gottesgeist in der Innenwelt aller, die atmen?

Nein! Ich will das nicht, ich nehme von Ignatius nur das an, was der katholischen Konfession erfahrbar dient. Ich glaube nur an den Geist, solange er sich in das fügt, was ich von Jesus und der Kirche begriffen habe. Und, bitte schön, meine konfessionelle Identität nicht in Frage stellt!

Ja! Die Frage nach *Gott in mir* ist die wichtigste Frage des heutigen Katholizismus. Es ist dieselbe Frage wie jene nach der Treue zum Konzil: zu seinem prophetischen Kern, seiner dialogischen Praxis, seinem Hören auf die *Zeichen der Zeit*. Die lebendige Bereitschaft, beim Gegenüber des Zeitgeists nach dem Gottesgeist zu suchen und so vom anderen zu lernen, ist der Schlüssel zur authentischen Auslegung des Konzils. Und nicht liberale oder klerikale Ideologien, am besten in bruchloser Kontinuität.

Ja! Mit Dankbarkeit und Stolz auf die katholische Tradition möchte dieses Büchlein eintreten in die Spiritualität der Zeichen der Zeit, wie sie Johannes XXIII. und das Konzil vorlegen, und lernen, die Tradition von ihr her neu zu sehen. Es sucht in der Dynamik der Neuzeit nach Spuren des Geistes und findet bei Ignatius eine Sprache, welche die neuzeitliche Eigenständigkeit des Subjekts mit dem Christentum nicht nur versöhnt, sondern beide zu ungeahnter Entfaltung führt.

Dass erstmals ein Jesuit zum Bischof von Rom gewählt wurde und sich Franziskus nennt, macht unsere kirchengeschichtliche Situation spannend. Nicht nur für abwartende Zuschauer, sondern besonders für geistvoll Mitwirkende!

# Abkürzungen

DH      Dokumente des kirchlichen Lehramtes, zitiert nach: Heinrich Denzinger / Peter Hünermann (Hg.): Enchridion symbolorum definitionum et declarationum de rebus fidei et morum. Freiburg [40]2005

Ignatius von Loyola wird stets nach Nummern zitiert, nicht nach Seiten; teils gekürzt.

BP      Bericht des Pilgers, hg. von Peter Knauer, Frankfurt 1999

BU      Briefe und Unterweisungen, ed. Peter Knauer. Deutsche Werkausgabe Bd. I., Würzburg 1993

GÜ      Geistliche Übungen, hg. von Peter Knauer, Würzburg 1998

Me      Luis Gonçalves da Câmara: Memoriale. Erinnerungen an unseren Vater Ignatius, hg. von Peter Knauer, Frankfurt 1988

MI(FN)      Monumenta Ignatiana (Fontes narrativi)

Sa      Satzungen der Gesellschaft Jesu, in: MI 3, II

# Anmerkungen

[1] Andreas Schönfeld: Anmerkung zu Frank Houdek, Die Grenzen des Ignatianischen Gebets, GuL 84 (2011) 294–305, 304: Größte Schwäche der Exerzitien sei, »dass eine pneumatische Christologie und ihre meditative Umsetzung fehlen. Der Heilige Geist ist kein strukturierendes Element«.

[2] Vgl. Leo Bakker: Freiheit und Erfahrung. Redaktionsgeschichtliche Untersuchungen über die Unterscheidung der Geister bei Ignatius von Loyola, Würzburg 1970, 301–310; Ignacio Tellechea: Ignatius von Loyola. Allein und zu Fuss. Zürich 1991, 157.

[3] MIFN IV 747, zit. nach Peter Knauer: Hinführung zu Ignatius von Loyola. Freiburg 2006, 37.

[4] GÜ 316. 373. Peter Knauer, in: Ignatius von Loyola, Geistliche Übungen und erläuternde Texte, ed. P. Knauer, Graz ³1988, 5 hat recht: »Die Geistlichen Übungen haben das Ziel, zu einer alle Schichten der Person durchdringenden Vertiefung desjenigen Glaubens an Jesus Christus zu führen, der das Anteilhaben an seinem Heiligen Geist ist.«

[5] Die Weise, wie sich die Gesellschaft Jesu geordnet hat. MI 3, I, 1–7, zit. nach ed. Knauer (Anm. 4) 831.

[6] MI(FN) 2, 338, zitiert nach Helmut Feld: Ignatius von Loyola. Gründer des Jesuitenordens, Köln 2006, 132.

[7] Vgl. Tellechea 397. 282. Der Finger Gottes ist ein traditioneller Name des Geistes.

[8] Das zweite, dritte und vierte Kapitel nehmen unmittelbar Thomas Philipp: Wie heute glauben, Freiburg 2010, auf. Hier entfaltet der Verfasser den Glauben an den Geist genauer, in wissenschaftlicher und systematischer Gestalt, und entwickelt von ihm aus eine zusammenhängende christliche Identität (nicht nur Ideologie) im 21. Jahrhundert.

[9] Karl Rahner: Löscht den Geist nicht aus! Schriften VII 77–90, 84f, gekürzt.

[10] Vgl. Franz-Josef Steinmetz: Die göttliche Unbekannte. Bilder vom Wirken des Heiligen Geistes. Würzburg 1997.

[11] Karl Rahner: Strukturwandel der Kirche als Aufgabe und Chance. Freiburg 1972, 93; Erfahrung des Geistes. Meditation zu Pfingsten. Freiburg 1977, 35–45, gekürzt.

[12] Vgl. Gen 37–41; 1 Kön 3,5 (während Saul 1 Sam 28,6 auch im Traum keine Antwort erhält); Dan 2 und 7, Mt 1,20. 2,12. 27,19.

[13] 2 Kor 3,17. Vgl. Röm 8,15; Gal 4,6f. 5,1.

[14] Sa 575f, zitiert nach ed. Knauer (Anm. 4) 809.

[15] Ignatius: Gründungstexte der Gesellschaft Jesu, ed. Peter Knauer. Würzburg 1998, 304f. Hervorhebung TP.

[16] Zitiert nach Tellechea 306.

[17] Thomas von Aquin: Summa Theologiae I–II 19,5f.

[18] Sa 547. Vgl. Me 116 und hervorragend Knauer (Anm. 3) 127–145. Nur: Sollte Ignatius entgangen sein, dass sein Sekretär *cuerpo muerto* mit *cadaver* übersetzte?

[19] Me Nachtrag II. Vgl. BU 3304. Sa 90; Feld 156–158. 229–231; Tellechea 283.

[20] Vgl. Tellechea 238ff.

[21] Aufbruch zum Miteinander, Freiburg 2012, 190f. 181f, gekürzt.

[22] Johannes XXIII.: Enzyklika Pacem in terris (1963, DH 3955–3997). Die landessprachlichen Fassungen der Enzyklika verwenden den Begriff vor Nr. 39, 75, 126 und 142 als Überschrift; er prägt die Struktur des Rundschreibens. Das Konzil übernimmt den Begriff in Gaudium et spes 4 und 44 (DH 4304. 4344).

[23] Marie-Dominique Chenu: Les signes des temps. In: Nouvelle Revue Théologique 87 (1965), 29–39, 33f.

[24] Über den Heiligen Geist, ed. Hermann J. Sieben. Freiburg 1993, 22f.

[25] Vgl. Irenäus von Lyon: Adversus Haereses IV 20,1. 39,2; V 6,1. 28,4.

[26] Benediktsregel 53,1. 7, gekürzt.

[27] Dritte Generalversammlung des lateinamerikanischen Episkopats: La evangelización 31.

[28] 1 Tim 2,4. Vgl. Eph 1,10; Röm 5,18; Zweites Vatikanisches Konzil, Nostra Aetate 1 (DH 4195).

[29] Zweites Vatikanisches Konzil, Gaudium et Spes 22 (DH 4322).

[30] Vgl. Karl Rahner: Rede des Ignatius von Loyola an einen Jesuiten von heute, Schriften XV 373–408, 381.

[31] Die Weise (Anm. 5), 830.

[32] BP 28, vgl. Feld 34. 352.

[33] Vgl. Tellechea 129.

[34] Vgl. Irenäus, Adversus haereses III 17,1. 24,1. – Es gibt wichtige Kontinuitäten. Und es gibt wichtige Veränderungen, etwa die Wertung der Nichtjuden vor und nach Paulus, der Welt vor und nach

Thomas von Aquin oder der Nichtchristen vor und nach dem Konzil.

[35] Rahner: Rede (Anm. 30) 393.

[36] Vgl. Klaus Mertes: Widerspruch aus Loyalität. Würzburg 2009.

[37] Sa 48f, vgl. Knauer (Anm. 3) 132.

[38] Sie sehen seit ihrer 34. Generalkongregation (1995) keine Möglichkeit mehr, die Frohe Botschaft glaubwürdig zu verkünden, ohne den Dialog zu pflegen. »Unsere Sendung zum Dienst am Glauben und zur Förderung der Gerechtigkeit (muss) erweitert werden, so dass sie die Verkündigung des Evangeliums, den Dialog und die Evangelisierung der Kultur als wesentliche Dimensionen mit einschließt … Wir können nun über unsere gegenwärtige Sendung sagen, dass der Glaube, der Gerechtigkeit tut, notwendigerweise ein Glaube ist, der mit anderen Überlieferungen in Dialog tritt und der das Evangelium in die Kultur einbringt.« Dekret 2: Diener der Sendung Christi, 20f, www.jesuiten.at/GK_34_Dekret_2.pdf.

[39] BP 7, übersetzt nach Tellechea 87.

[40] Vgl. Rosano Zas Fritz: Ignatianische Mystik, GuL 85 (2012) 16–30, 16f.

[41] GÜ 15. Karl Rahner: Rede (Anm. 30) besteht auf der Unmittelbarkeit der Gotteserfahrung; z.B. Knauer (Anm. 3) 46. 56. 63 hält sie für unmöglich: Gott werde nur im Wort erfahren, das von außen komme. Nur so könne der Gottesgeist den Menschen erfüllen.

[42] Vgl. Feld 35.

[43] Zitiert nach Tellechea 258.

[44] Vgl. Klaus Schatz: Deutschland und die Reformation in der Sicht Peter Fabers (1509–1546), GuL 69 (1996) 259–272. – Auch der naive Ablassglaube ist ein blinder Fleck. Ignatius glaubt fest, eine einzige, an einem bestimmten römischen Altar gelesene Messe befördere einen notorischen Sünder sofort in die ewige Seligkeit – er aber und die Seinen üben sich in harter Arbeit an sich selbst. Den Widerspruch der beiden Haltungen spürt er nicht, vgl. Feld 70f.

[45] Vgl. Rahner: Rede (Anm. 30) 376f.

# In der Reihe **Ignatianische Impulse**
sind bisher erschienen:

Weitere Informationen zu allen Bänden der Reihe finden Sie unter www.echter-verlag.de